25.

3143
R.
3156

A
MONSEIGNEVR
LE DAVPHIN.

MONSEIGNEVR,
Ie rends graces à Dieu de celle qu'il me fait que ie puis voir ce premier iour de l'an borner si heureusement le cours de vostre enfance, & commencer à vous mettre en depost entre les mains de la vertu, pour vous monstrer & vous apprendre parfaictement à cognoistre ses voyes: iour souhai-

ã ij

té, & qui remplit desia toute la France d'espoir & d'allegresse, vous voyant, ce luy semble, renaissant à vous-mesme, renaistre encores vne fois pour son salut & sa conseruation. Ce desir naturel de sçauoir tout, qui est en vous, vostre bon sens & ferme entendement recogneus de chacun, & ces germes de pieté, d'equité, de prudence, de valeur & d'humanité, dont la nature a ietté la semence à pleine main dans le fonds de vostre ame, font croire asseurément qu'il vous sera facile de satisfaire à ceste esperance publique: & mesme quand en suite de ces bons mouuemens vous aurez à toute heure deuant les yeux pour le patron de vostre vie les actions vertueuses & faicts illustres de sa Maiesté, qui se promet aussi de vous

EPISTRE.

qu'à l'aduenir vous serez le support de son âge, & à iamais, comme vous estes maintenant, la ioye de son cœur & sa consolation, l'vne des fins plus desirees de ses trauaux; & l'autre, de vous rendre si accomply qu'elle puisse receuoir ce contentement de se voir en ses iours benicte en sa posterité: & vous estimé au iugement de tout le monde, vn fils digne d'vn si bon pere, digne & capable successeur des triomphes & des vertus d'vn si grand Roy. Sa Maiesté vous a donné des personnages esleus par elle mesme pour vous seruir en ceste action : & si elle n'a point desagreable, ne vous aussi, le seul zele de ceux qui tascheront d'y prester la main, & de contribuer ce qu'ils auront de plus exquis des acquests de leur industrie, i'oseray esperer que le

EPISTRE.

mien ne sera pas desaduoué, s'il est iugé par ses qualitez, ainsi que la nature & le deuoir les ont grauees bien auant en mon ame, depuis l'heure & le poinct de vostre naissance iusques à ce iourd'huy, que i'ay eu ce bonheur de rendre à vostre personne le treshumble seruice où ie suis obligé par ceste charge, dont il a pleu au Roy d'honorer ma fidelité. Et si ce petit ouurage que ie vous offre, peut trouuer grace deuant vos yeux, MONSEIGNEVR, ie vous supplie tres-humblement de me faire l'honneur qu'il soit receu de vous, seulement pour vn tesmoignage tissu par ceste mesme affection qui m'a faict du tout employer le temps à ce que i'en ay deu à la conduite de vostre santé, & puis le peu de reste à ce recueil de ce que i'ay pen-

EPISTRE.

ce qui pourroit estre à l'aduenture aucunement vtile pour aduancer ces vertus heroïques, qui font en si bas âge desia reluire d'vn si beau feu vostre esprit excellent, estimant que de vous seruir en ceste façon c'estoit seruir sa Maiesté, à laquelle comme nais ses subiects, nous deuons tous nostre premiere obeissance.   Or,

MONSEIGNEVR,

Ie prie Dieu qu'il luy plaise de tellement benir en vous ce iour de bon augure, que vous puissiez croissant en âge, croistre pareillement en toutes sortes de perfections, & vous donnant iusques au comble des largesses du Ciel, de vous fauoriser du cours d'vne tres-longue & tres-heureuse vie, pour le bonheur de vostre

EPISTRE.

siecle, le bien de ce Royaume, & l'asseurance de l'Empire Chrestien.

A Paris ce premier iour de Ianuier mil six cens neuf.

Vostre tres-humble, tres-obeissant & tres-fidele seruiteur,

HEROARD.

DE
L'INSTITVTION
DV PRINCE.

AV temps que le Roy seiournoit à S. Germain en Laye, y prenant quelques iours de ceux-là qu'il employe continuellement aux plus grands affaires de son Estat, pour les donner à sa santé, vsant à cest effect par l'aduis de ses Medecins des eaux portees des fontaines de Pougues, il m'aduint vn matin de sortir pluftost que ie n'auois accoustumé, hors du vieil Chasteau, où

DE L'INSTITVTION

ie logeois à l'heure, pour m'en aller au parc prendre le frais de l'air, en attendant que Monseigneur le Dauphin fust esueillé. Or comme ie fus arriué à la Chapelle de ceste belle & grande allee, où est le ieu de Palle-mail, i'aduise le Roy, qui auoit acheué de boire, & commencé de se promener: moy ne voulant estre apperceu, desireux d'acheuer tout seul mon entreprise, ie me glisse à trauers le bois, sur la main droicte, dans vn sentier qui costoyoit d'assez loin ceste allee, où ie pensois ne pouuoir estre veu que des arbres & des oiseaux. Mais ainsi comme la solitude & le silence de ce chemin estroict, couuert de toutes parts, commençoit à ouurir la porte de mon

DV PRINCE.

imagination, & à l'attirer sur la varieté des suiects de discours qui tombe d'ordinaire en celle des Courtisans ; I'entends sur ma main gauche ie ne sçay quelle voix, qui sembloit s'addresser à moy, où retournant ma face, ie vois vn Cheualier des deux ordres du Roy, & m'estant approché plus pres de luy, ie recogneus que c'estoit monsieur de Souuré, lequel, m'appellāt par mon nom, Où allez vous, dit-il, ainsi vous esgarer, en fuyant la rencontre de tant de gens d'honneur, qui eussent ce matin fort desiré la vostre, pour entendre par vostre bouche des nouuelles de Monseigneur le Dauphin ? C'est ce desir qui m'a faict esloigner du Roy, qui se promene au Palle-mail,

A ij

DE L'INSTITVTION

pour vous trouuer en teste, vous ayant apperceu de loin prendre party vers cest endroict, ie vous prie de m'en vouloir apprendre: si en cela ie romps ou retarde vostre dessein, la qualité de mon desir me seruira d'excuse.

L'AVTHEVR. Monsieur, ie ne m'estois pas ce iourd'huy promis tant de bon heur, comme i'en reçois à ceste heure en vostre compagnie, par ma bonne fortune que ie fuyois sans y péser, ainsi que vous pouuez cognoistre: & ne suis pas si mal appris, de penser seulement que vous ayez besoin d'excuse, en vne chose qui depend nuëment de mon deuoir, puis que le Roy a faict choix de vostre personne pour la conduite de son Dauphin, lors que sortant du ioug des loix de la Nature, l'âge l'aura rendu capable de receuoir celuy des bônes mœurs, & de la doctrine : il a dormy de bon repos toute la nuict, au rapport de ses femmes de chambre qui l'ont veillé : ie l'ay veu & laissé dormant fort doucement, il n'y a qu'vne demie heure.

SOVVRÉ. Mais dites moy, ie vous prie, si vous en auez le loisir, que iugez-vous de sa santé, & quelle est sa temperature ? Pource que i'ay autresfois entendu des Medecins, qui discouroient ensemble de la diuersité des complexions des hommes, tenir pour maxime en leur art, que celles de l'esprit suyuent celles du corps; & qu'il est impossible, ou malaisé de les changer, que par vne lon-

DE L'INSTITVTION

gue, assiduelle & contraire habitude.

L'AVTHEVR. Il est vray, on le tient ainsi en la Medecine; i'auray, à mon aduis, assez de temps, pour y auoir là dessus peu de choses à dire. Il est nay de complexion sanguine, meslee de cholere, le sang surmontant celle-cy, & d'vn meslinge si proportionné, qu'il nous fait esperer en luy auec la santé, la longueur de la vie. Quant à l'exterieur, son corps est si parfaictement formé, que si vous le considerez en toutes ses parties, du sommet de la teste iusques aux pieds, il ne s'en peut marquer aucune qui se desmente: & quant à moy, il faut que ie confesse de n'auoir iamais veu vn corps si accomply, y ayant reco-

DV PRINCE.

gneu & la vigueur de l'esprit, & la force du corps, aller du pair ensemble.

SOVVRÉ. Ie m'esiouys infiniment de l'asseurance que ie reçois de la santé & force naturelle d'vne personne si necessaire à cest Estat, dés l'heure & le moment de sa naissance: iugeant par tant de circonstances que Dieu le nous a donné tel pour s'en vouloir seruir long temps à l'aduenir, à nostre bien, à la commune vtilité, & au repos de l'Empire Chrestien. Mais vous l'auez iugé cholere, cela ne me contente point.

L'AVTHEVR. Lors que i'ay dict qu'il est de nature cholere, i'en ay parlé en Medecin, non en Philosophe moral, ou Theologien. Les Medecins considerent

A iiij

quatre parties en la maſſe du sãg, l'aqueuſe, la melancholique, la cholerique, & celle-là qu'ils nomment proprement ſang. De telle ſorte qu'ayant iugé Monſeigneur le Dauphin eſtre ſanguin, cholere de ſa temperature, i'ay voulu dire que le ſang proprement dict, ſurmonte en quantité les autres, & la cholere apres : & entendre par la cholere, la partie de toutes la plus chaude, ſeche & legere, laquelle donne de ſa nature la promptitude, & aiguiſe le ſang, tout ainſi que le ſang ſert de frein & de bride pour retenir par vne douce & moderee qualité, les bouillons effrenez de ceſte briefue & ardante furie. Et par ainſi vous pouuez voir, comme de ceſte couple de qualitez d'humeurs si differentes, il en sort vne complexion telle que l'on peut souhaiter pour l'entiere santé d'vn corps, & la bonté d'vn entendement, le sang se trouuant en la masse le maistre seul de ses autres parties, ne faisant que des simples & des niais ; l'humeur aqueuse seule, que des stupides & des lourdauts; la melancholique, que des tristes & des sauuages, fuyans toute humaine societé; & la cholere, que des fols, des furieux, & des insensez : c'est pourquoy vous deuez prendre à bien lors que i'ay dict, la cholere auoir part en sa temperature.

Souvré. Me voila plus satisfaict que ie n'estois, en ce que vous me faites voir tout le contraire de ce que ie tenois pour

DE L'INSTITVTION
imperfection, m'ayant representé le naturel d'vn Prince qui doit estre doux, & capable de receuoir auec facilité les impressions telles qu'on luy voudra donner en son bas âge, pour estre à l'aduenir, estant homme parfaict, & lors le sang se ressentant vn peu de la melancholie, vn Prince bon & doux, sage, prudent & courageux ensemble, ayant fortifié sa bonté naturelle par bons & saincts enseignemens; c'est en quoy ie ioindray à l'honneur que ie tiens du Roy, de m'en donner la direction durant sa premiere ieunesse, la grace speciale que ie reçeus de Dieu, d'auoir à cultiuer vne si bonne terre, i'espere qu'il m'y assistera de telle sorte, que tout le mon-

de cognoiſtra par mes deporte-
més, que ſa Maieſté ne s'eſt point
abuſee d'auoir ſceu faire eſlection de ma fidelité, & recognoiſtre que i'ay peu la ſeruir en vne
charge de ſi grande importance.
Vous direz que ie ſuis trop curieux de demander à quel âge il
ſera ſeuré; & toutesfois ie vous
prie de me le dire, & ce que vous
en penſez, pour autant que ie
croy que voſtre opinion pourra
eſtre receuë parmy celle des autres.

L'AVTHEVR. I'eſtime que
vingt mois, ou deux ans au plus,
ſuffiront pour le laict; ſon corps
eſtant d'vne telle venue, que ce
temps là paſſé il ne feroit que ſe
fondre, & s'amaigrir, ayant beſoin alors d'vne plus forte, &

plus solide nourriture.

SOVVRÉ. Quand il sera seuré, pensez-vous qu'il demeure long temps entre les mains des femmes?

L'AVTHEVR. Ie n'en sçay rien, c'est chose qui depend du bon plaisir du Roy.

SOVVRÉ. Mais quel en seroit vostre aduis?

L'AVTHEVR. L'âge à deux ans est par trop tendre, pour luy oster les femmes, qui se cognoissent mieux & sont beaucoup plus propres que les hommes à traicter les enfans, voyla pourquoy il seroit necessaire, ce me semble, de l'en faire seruir encore : & ayant dict cy dessus que le corps, & l'esprit, sont en luy d'vne force esgale, qu'il fust aussi donné à ce dernier vn aliment de sa portee, mettant aupres de sa personne vne Dame honnorable, & de qualité, instruicte à la vertu, nourrie aux bien-seances de la Cour, & entendue aux autres qui s'obseruent entre les Grands, & suffisante pour luy donner les premieres façons iusques à l'âge de six ans, car lors, ou ie m'abuse extrememement, vous luy ferez gouster aisément les vostres, se trouuant plus propre, & la cire assez molle pour les receuoir telles que bon vous semblera.

SOVVRÉ. Iugez-vous qu'à cest âge là il soit d'entendement capable, & de corps assez fort pour supporter la peine, & se donner la patience qu'il faut

DE L'INSTITVTION

auoir à receuoir l'inſtruction? pource que i'ay touſiours ouy dire qu'il n'y falloit contraindre les enfans parauant l'âge de ſept ans.

L'AVTHEVR. Il n'eſt pas neceſſaire de ſe tenir preciſément à ce terme là; la capacité qui ſe trouue aux enfans en doit faire la reigle: Monſeigneur le Dauphin à l'âge de ſix ans, ſera plus aduancé que pluſieurs autres ne ſeront pas à ſept, ne poſſible à huict: c'eſt vne opinion des foles meres, qui perdent leurs enfans en craignât de les perdre, ſous excuſe de leur foibleſſe : I'eſtime que dés lors qu'vn enfant ſçait parler, cognoiſtre, & diſcerner tout ce que lon luy monſtre, il eſt capable d'inſtruction, & pourtant il luy faut alors en premier lieu induſtrieuſemét apprendre à craindre, & obeyr : car par l'obeiſſance on luy fera gouſter auec plaiſir la douceur des enſeignemens, dont on voudra l'accompagner pour le conduire à la vertu, & plus facilement on le deſtournera des choſes contraires. Ce ſera du deuoir de ceſte Dame qui aura charge de ſa premiere enfance.

SOVVRÉ. Que luy peut elle apprendre en ce commencement?

L'AVTHEVR. La paſte de ceſt âge eſt ſi maniable, qu'elle prendra toutes & telles formes qu'il luy plaira : mais pource que naturellement nos inclinations nous font pancher au vice pluſtoſt qu'à la vertu ; elle le doit ſur

DE L'INSTITVTION

toutes choses duire à fort aimer ce que lon nomme Bien, & auoir en horreur pareillement ce qu'on appelle Mal; & luy donner la teincture si bonne de ce premier, que les impuritez de l'autre ne la puissent desteindre.

SOVVRÉ. Par quelle voye?

L'AVTHEVR. Il faut, ce dit-on, beguayer auec les petits enfans, c'est à dire s'accommoder à la delicatesse de leur âge, & les instituer plustost par la voye de la douceur, & de la patience, que par celle de la rigueur & precipitation. Car icy,

Patience,

Passe science:

recompensant à propos le bienfaict par quelque liberalité conforme à son merite, & chastiant le mal le mal en telle forte, qu'elle leur donne vne petite honneste honte de l'auoir faict; pluftoft que trop de crainte du chaftiment. Apres, comme en iouant, il faut elleuer ces efprits plus haut, leur faifant admirer les chofes qui furpaffent nos fens, parlant fouuent à eux de Dieu; & leur monftrant le ciel, leur faire entendre que c'eft luy qui l'a faict, & creé toutes les chofes qui fe prefentent à leurs yeux, & tout par le menu. Que Dieu eft tout bon, tout fage, le Pere, le Maiftre, & le Roy de tout ce qui fe voit au ciel & en la terre : qu'il nous a mis trestous au monde pour l'honorer & le feruir felon fa volonté, & non à noftre fantafie; nous y laiffe tant qu'il luy plaift, nous en reti-

B

re quand bon luy semble : qu'il aime & donne tout aux bons enfans & bien obeissans, & à la fin les met en Paradis, où il les loge auec les Anges : chastie les mauuais, & desobeissans ; & s'ils ne veulent s'amender, apres la mort les enuoye en enfer auec les diables, qui les tourmentent eternellement. Que le ciel où ils voyent le Soleil, la Lune, & les Estoilles, est la maison & le palais où Dieu habite ; & que Dieu est si grand, & nostre esprit si petit, qu'il ne sçauroit comprendre sa grandeur : qu'il est immortel, & que le monde doit finir. L'admiration de telles ou semblables choses, engendrera en leur entendement vne certaine crainte, laquelle peu à peu fera prendre racine à ces premieres graines de pieté que vous aurez semé en ceste nouuelle terre : si bien qu'en peu de temps elle se verra forte pour se parer contre l'iniure, & l'inclemence des saisons ; c'est à dire, contre les vices, & la corruption naturelle des hommes. Il importe beaucoup à ce que ces vaisseaux encores neufs, soyent abreuuez tout du commencement d'agreables liqueurs, & de suaue odeur, d'autant que les premieres impressions y demeurent aussi long temps comme ils ont de duree : mais plus encore faut-il auoir ce soin, quand c'est pour esleuer les ieunes Princes, donnez du ciel pour seruir de lumiere, & commander dessus toute la terre.

DE L'INSTITVTION

SOVVRÉ. A ce que ie puis voir, vous voulez de bonne heure en faire des Theologiens?

L'AVTHEVR. Ouy ; il est bien raisonnable qu'ils cognoissent & recognoissent tout le premier celuy qui leur donne la vie, & la possession de tout cest vniuers, faict & formé pour eux. Et pour ce faire, il me semble à propos de leur dresser certaine forme de prieres, pour les dire soir & matin, afin d'apprendre par ceste accoustumance, à se ressouuenir de l'hommage qui luy est deu par eux, comme à leur Seigneur dominant, & de les instruire en la creance qu'il faut auoir de luy; & de celle qu'ils ont à retenir de ses commandemens: à celle fin qu'estans ainsi appris, ils ne se puissent esgarer de ceste droicte voye, laquelle conduit les hommes à la vie eternelle.

SOVVRÉ. Ne faut-il pas en mesme temps leur apprendre à lire, & à escrire?

L'AVTHEVR. Il est vray, & que ce soit par ceux-là mesme qui en ont le gouuernement, ou telle autre personne qui sçache bien prononcer, & bien escrire. Il faut en somme dresser toutes leurs actions, à ce qu'elles approchent de la perfection, autant que l'imperfection de leur nature permettra d'y atteindre.

SOVVRÉ. Sçachant lire, & escrire, qu'en ferez vous?

L'AVTHEVR. Aussi tost qu'ils sçauront, tant soit peu lire, ie suis d'aduis qu'on les exerce

DE L'INSTITVTION

dans les Prouerbes choisis de Salomon: car s'instruisans à ceste lecture, ils retiendront en la memoire en mesme temps la substance de tant de beaux enseignemens, qui seront mieux receus & retenus par eux, quand ils sçauront que c'est vn grand & sage Roy qui en est l'autheur. On peut faire de mesme les mettant sur les autres liures historiaux contenus en la Bible, où ils liront auec plaisir & profit tout ensemble, s'esgayans par l'histoire, & s'instruisans en beaucoup de choses qui doyuent estre sceuës par des enfans Chrestiens, tels que nous les voulons faire.

SOVVRÉ. Ne trouuez vous pas bon qu'ils lisent d'autres liures? car il me semble que la nature des enfans, côme elle est actiue & legere, est d'aimer la varieté.

L'AVTHEVR. Excusez moy; ie ne suis point si rude, moy qui conseille la douceur enuers ce petit peuple; bien ie desire qu'ils n'en voyent pas vn d'où ils ne puissent tirer quelque profit, ou lire aucune chose qui ne soit veritable; comme sont entre ceux de nostre temps les quatrains du Sieur de Pybrac, puis certains autheurs qui ont escrit des petits contes sous des noms feincts; mais qui portent leur sens moral; ayans eu intention par ceste façon d'escrire, d'enseigner plaisamment ce qu'ils ont sceu des bonnes mœurs. Tel a esté entre les autres ce fort ancien Esope, duquel les fables si

DE L'INSTITVTION

ioliment escrites sont paruenues iusques à nous. Pour recreer ces esprits tendrelets, qu'on les leur donne à lire, & puis à reciter par cœur, auec le sens couuert des-sous le voile de la fable. Et tout ainsi comme lon a de diuers & honnestes moyens pour res-iouyr & contenter ces ieunes ames, il ne faut pas faire si peu de cas du corps, qui en est l'instrument, qu'il n'ait à part ses exercices, & ses esbattemens, pour en vser en temps & lieu: de peur que par oisiueté sa force, & santé naturelle n'en diminue, s'abastardisse, & se rende inutile, ou mal propre à la fin aux functions & de l'vn & de l'autre. Et pource que les differeces de passetemps se doyuent prendre de celles de la nature des enfans, de leurs conditions, des saisons, & des lieux où ils font leur demeure; nous en laisserons faire à ceux qui en auront la charge ; iugeans que s'ils les aiment comme ie fais, il ne se passera aucune chose deuāt leurs yeux, ny en l'entendement qui puisse estre à propos pour esleuer cest edifice, qu'ils en perdent le temps, ne l'occasion de satisfaire à leur deuoir, & à celuy qui nous est ordonné par la commune charité, qui s'estend principalement enuers les plus infirmes. Voyla pourquoy ie laisseray faire le demeurant aux femmes, me suffisant pour ceste fois d'auoir tasché de satisfaire à vostre desir, par la remarque en general de certains poincts communs, &

DE L'INSTITVTION
neceſſaires à faire apprendre ſoigneuſement à toute ſorte & condition d'enfans en leur enfance. Il y a quelque temps auſſi que l'horologe a frapé ſept heures, ie vous ſupplie de trouuer bon que ie me rende à mon deuoir, au leuer de noſtre ieune Prince, auec l'honneur non eſperé d'auoir ſi doucement paſſé vne partie de ceſte matinee en voſtre compagnie. Et pour ceſte heure, laiſſons aux femmes à faire les enfans, quand ceſte Dame, gouuernante de Mõſeigneur le Dauphin, l'aura faict vn enfant poly en la façon, ou encore meilleure que celle-là que i'ay nagueres dicte, ce ſera à vous, Mõſieur, d'vn enfant faict, en former vn homme; & de ceſt homme Prince, en façonner vn Roy.

Souvré. C'eſt là où i'en voulois venir, mon intention n'a pas eſté d'en ſçauoir dauantage; bien de tirer voſtre diſcours à ce dernier ſuiect: mais d'autant que l'heure vous preſſe, ie ne veux point vous retenir plus longuement, & diuertir d'vn ſeruice ſi neceſſaire, pour ſatisfaire à ma curioſité. Ie me departiray de vous pour ce matin, remportant le contentement d'auoir appris que Monſeigneur le Dauphin eſt nay fort ſain, & de corps & d'entendement, & qu'il eſt, pour eſtre à l'aduenir vn Prince merueilleux par la bonté de ſa nature, & de la bonne nourriture. Adieu donc iuſques à demain, car ie ne vous en quite pas.

L'Autheur. Puis que c'eſt

DE L'INSTITVTION
par voſtre congé, ie ne puis faire
faute de m'en aller, vous ſup-
pliant de diſpoſer de moy, & de
toutes mes heures ainſi qu'il
vous plaira, apres m'auoir
permis de reſeruer celles
que ie dois au ſeruice
de noſtre petit
Prince.

DEVXIESME MATINEE.

LE matin ensuyuant, sur les cinq à six heures, voicy venir vn honneste homme à moy, me dire de la part de Monsieur de Souuré, qu'il m'attendoit au mesme endroict où ie l'auois veu le iour auparauant, ie parts pour y aller, & m'ayant apperceu de loin, il commença de me dire tout haut, Ie vous attends icy en bonne deuotion, desireux de sçauoir quelque bonne nouuelle de la santé de nostre petit Maistre; & de vous faire apres quatre mots de

DE L'INSTITVTION
priere. Difpofez vous à fatisfaire maintenant & à l'vn & à l'autre.

L'AVTHEVR. Monfieur, excufez moy, fi i'ay fi longuement tardé, ie ne m'eftois pas preparé à ce voyage: puis ayant creu venant icy, que i'aurois à vous rendre compte de ce qui s'eft paffé en ces lieux d'où ie viens, i'ay voulu faire vn tour en la chambre de Monfeigneur le Dauphin, & m'informer comme il s'eftoit porté durant la nuict, où i'ay appris comme il auoit bien repofé; puis ie l'ay veu dans fon berceau, dormant d'vn auffi doux repos, que celuy dont vn iour il fera, par les labeurs du Roy fon pere, iouyr la France fous la douceur de fon Empire. Quant à cefte priere dont vous m'auez parlé, ie la reçois pour vn commandement : me voyla preſt d'y ſatisfaire en ce que ie pourray, & diſpoſé de vous ſeruir par tout, & à toutes les fois qu'il vous plaira de m'en mettre à l'eſpreuue.

SOVVRÉ. Ie vous remercie pour les bonnes nouuelles, & pour la bonne volonté dont vous me voulez obliger. Souuenez vous que le iour precedent vous m'auez mis entre les mains vn Prince nay, & enfant faict, pour en former vn homme, & façonner vn Roy; & que m'eſtant enquis de vous de certains poincts propres & neceſſaires pour inſtruire le premier âge, i'ay deſiré d'en ſçauoir quelque choſe de plus : & dés hier meſ-

DE L'INSTITVTION

me, sans le respect du seruice que vous deuez à Monseigneur le Dauphin, ie vous en eusse faict la priere. Or maintenant, puis qu'il nous reste vn peu plus de loisir, ie vous prie qu'il soit tout employé à cest ouurage; & là dessus obligez moy de vostre bon aduis.

L'AVTHEVR. Ce n'est pas ieu de petits enfans, ne mon gibier: pardonnez moy, Monsieur, vous me prenez possible pour vn autre. Il me seroit fort malseant, à moy qui n'ay l'experience, ne le sçauoir en telles choses, de faire le Docteur enuers vn personnage, en qui le Roy a recogneu toutes les qualitez & circonstances propres pour le sçauoir dextrement manier.

SOVVRÉ.

DV PRINCE. 17

SOUVRÉ. Non certes, ie le sens bien, ce n'est icy ieu de petits enfans: plus i'en discours en mon entendement, plus ie ressens la pesanteur, & recognois la grandeur de la charge.

L'AVTHEVR. Ce n'est pas sans raison, car vous voyla maintenant responsable, non seulement au Roy, mais à toute la France, en ce que les François tiennent toutes les esperances du repos, & de l'aise de leur posterité ioinctes inseparablement à la personne de ce Prince, commis à vostre preudhommie, pour en dresser vn bon & sage Roy, & digne successeur aux vertus de son pere: il y faut vn soin merueilleux, si vn homme de condition priuee n'oublie aucune chose

C

DE L'INSTITVTION

pour faire bien nourrir & inſtruire ſon fils, nay pour luy ſucceder tant ſeulement à quelque arpent de pré, ou malotru demy quartier d'vne meſchante vigne : de combien plus le Gouuerneur d'vn Prince le doit-il ſurpaſſer en vigilance, & induſtrie, & Gouuerneur d'vn Prince à qui les loix, & la Nature, donnét la ſucceſſion du Royaume de France? Royaume riche & opulent en toutes choſes que lon peut ſouhaiter pour l'vſage des hommes; orné de tant de grandes & puiſſantes citez, plein de nobleſſe ſi valeureuſe, que le Soleil n'en voit point de pareille, & de peuple infiny, & peuple ſi redouté, qu'il a porté & planté ſon nom ſur les bouts de la terre; & Gouuerneur d'vn Prince, auquel parauenture le ciel reserue la Monarchie; si lon peut faire iugement veritable de l'aduenir par la disposition & l'estat present des affaires du mōde. Ne doutez point que les yeux d'vn chacun, de quelque condition, âge ou sexe que ce puisse estre, ne soyent fichez entieremēt sur vous, comme des sentinelles, pour prendre garde en ceste occasion, iusques aux moindres de vos actions: voire les yeux des enfans innocens pendans à la mammelle, d'où ils semblent parler à vous ainsi,

Nous sucçons ceste douce liqueur, pour donner nourriture & accroissance à nostre petitesse, sous l'espoir que nous verrons

C ij

DE L'INSTITVTION

reluire en sa saison ce bon heur là qui se prepare maintenant par les mains de vostre prudence : que s'il en doit aduenir autrement, que ce doux aliment tout à l'heure presente se conuertisse en puante amertume, & poison salutaire, pour nous porter, à l'instant de nos premiers iours, du berceau dans la biere, à celle fin de ne voir point le cours de nostre vie accompagné sans fin d'vne longue trainee de miseres. Bref ils vous rendent redeuable du bien, & coulpable du mal qui leur peut arriuer de ceste nourriture, croyant que de vous seul depend & l'vn & l'autre.

SOVVRÉ. Tout ce que vous venez de dire, ie le tiens veritable, & recognois combien il importe à cest Estat, d'auoir vn Roy qui soit capable de le bien gouuerner, & reparer les breches que les guerres ciuiles y ont ouuertes de toutes parts ; si d'auenture la longue vie que nous esperons & desirons tous au Roy son pere, ne luy donne le loisir de les refaire, & luy laisser apres, par son decez, le corps de ce Royaume remis en son entier. C'est ceste importance qui me rendra plus vigilant & soigneux en la charge. Mais reuenons au poinct, & me dites, ie vous prie, quel seroit vostre aduis sur l'institution de nostre ieune Prince, sans plus vous excuser, disant que ce n'est point vostre gibier, & que vous estes peu versé aux affaires du monde: Car le corps d'vn estat ayant fort grande conuenance auec celuy de l'homme, i'estime que ceux de vostre profession se peuuent rendre des plus capables, pour y seruir, quand il aduient qu'ils se rencontrent de bonnes mœurs, issus d'honneste lieu, instituez aux bonnes lettres, ayans de leur nature le tymbre bon, & passé leur premiere ieunesse à la suite des Grands & de la court. I'en ay cogneu autresfois vn pres du feu Roy, comme vn autre Nicomachus, amy fort familier, & Medecin de Philippes de Macedone pere d'Alexandre le Grand: il est possible de vos amis, mais il faut aduoüer que c'est vn personnage doué de tres-grandes parties, pour meriter a seruir pres d'vn Roy. Or vous ayant vescu par l'espace de tant d'annees aupres des Grands, & seruy chez les Roys, & conuersé auec aucuns de ceux qui en ces temps, ont eu du maniement aux plus grands affaires; il sera vray-semblable que vous aurez peu faire profit de plusieurs choses remarquables, qui nous pourrót beaucoup seruir à cest ouurage.

L'AVTHEVR. Vous obligez infiniment ceux de ceste profession, pour l'honneur qu'ils reçoiuent par vostre iugement, qui leur sera vn preiugé contre certains Empiriques d'Estat, qui les mesprisent de telle sorte, qu'à leur opinion ils ne sont bons qu'à l'exercice seul de leur vacation. Car il est bien certain que tout ainsi comme le corps humain est composé de contraires humeurs, & de parties, les vnes simples, & les autres meslees; les vnes principales, les autres subalternes; & que de la legitime composition d'icelles, s'engendre la santé du corps, & que celle-cy venant à se desmentir de ceste integrité, s'ensuit soudain la maladie accompagnee de diuers accidents, selon la qualité, ou grandeur de la cause. On voit pareillement que le corps d'vn Estat, quelque forme qu'il aye prinse, est composé de mesme sorte: & se conserue en son entier par vne exacte obseruation des bonnes & diuerses loix, & dechoit aussi tost que par ambition, par auarice, ou prodigalité, ou par quelque autre pareille cause l'on recognoiſt leur force defaillir, & fleſtrir leur vigueur, & s'en aller en decadence ſelon l'effort foible, ou puiſſant d'icelle. Par ceſte nuë conference chacun pourra iuger ſi ceux de ceſte profeſſion eſtans tels que vous auez dict, peuuent eſtre tenus ſi peu capables d'eſtre appellez aux charges de ce corps Politique ; quand ils feront inſtruicts tant ſeulement des formes ordinaires, & du biais qu'on prend pour traicter les affaires : puis qu'ils ſçauét deſia auec quel artifice il faut garder & maintenir le corps en parfaicte ſanté ; de quelle preuoyance il faut vſer pour deſtourner de loin le mal qui le menace ; & quand il eſt venu, les moyens de parer à la furie & violence des accidéts, qui luy font compagnie, & de les mignarder, gaignant le temps pour empoigner l'occasion apres de se prendre à la cause; & à la fin, auec quelle prudence, discretion, douceur & patience, il faut refaire & releuer ceste pauure carcasse abbatue & fondue par les efforts des tempestes passees.

SOVVRÉ. Ie suis fort aise d'auoir entendu de vous ce que i'ay creu il y a fort long temps, & recogneu l'honneur que peuuent meriter des hommes à qui Dieu a donné la science du ciel pour l'employer à la conseruation de son chef-d'œuure, qu'il leur a mis entre les mains; & qui sont reputez estre des plus sçauans entre les hommes doctes. Mais reuenons à nos premiers propos, employans le peu de temps que nous auons de reste à ce suiect, où ie desire vous engager. Et pour vous oster toute sorte d'excuse, & arrester les termes de ce discours, ie me veux obliger à vous demander ce que j'en veux sçauoir, vous ne pourrez honnestement refuser de respondre & à m'en dire vostre aduis. Dites moy donc, ie vous prie, de combien, & de quelles personnes vous pensez qu'il sera besoin pour instruire ce Prince.

L'AVTHEVR. Vous me serrez maintenant de si pres, que ie ne puis plus eschapper, & de courir fortune de mon honneur, i'en estimeray moindre la perte, puis que c'est pour vous obeyr. Il me semble que pour ceste instruction, il y en faut deux ; vn Gouuerneur & vn Precepteur, qui ayent pour ce regard vne mutuelle & reciproque intelligence ; & que concurrents en dessein, ils le soyent aussi en moyens pour paruenir au but de leurs intentions.

Souvré. Quel doit estre ce Gouuerneur, & quel le Precepteur ?

L'Autheur. Ie n'ay que faire de vous descrire le premier, estant si naïfuement representé en vostre personne, de laquelle sa Maiesté faisant ellection pour gouuerner ceste Prouince, a faict choix d'vn personnage extraict d'vne ancienne noblesse, honoré de qualitez acquises par la vertu, & seruices recommandables faicts à ceste Couronne, d'vn homme de bien, sage, prudent, de douce humeur & agreable compagnie; d'vn âge venerable, consideré en ses actions, amateur du bien, & ennemy du vice; doué de sa nature d'vne douce seueri-té, & qui sçaura tresbien prendre à propos le temps pour repren-dre ce ieune Prince, sans le blas-mer; & le louër sans apparence de flaterie; se faire aimer & respe-cter de luy, par le respect de ses bonnes mœurs, & de sa bonne vie. Quant à l'autre, il me seroit plus malaisé de le trouuer que de le peindre. Ie desire pour ceste charge vn homme meur d'âge & de sens, de bonne vie, & louable reputation; vn homme sans re-proche, & droict en ses actions,

DE L'INSTITVTION

d'honneste extraction, instruict aux bonnes lettres, d'esprit poly, de courage esleué, sans vanité, non pedant, & qui n'ayant autre dessein que de voler pour benefice dessus les mâres de la Cour, ait rendu infame son sçauoir, & sa plume, pour en auoir seruy aux ministres de l'impudicité; qui soit d'vne agreable cõuersation, de bon & ferme entendemẽt; industrieux apres auoir biẽ sceu cognoistre le naturel, l'inclination, & la portee de l'esprit de ce Prince, à luy faire gouster la douceur des semences de la pieté, des bonnes mœurs, & de la doctrine; ayant faict naistre dextrement en son ame le desir d'apprendre & de bien retenir ce qu'il iugera propre; & en somme de telle vie, qu'elle presche à l'esgal de ses enseignemens.

SOUVRÉ. Quelles sont les functions & de l'vn & de l'autre?

L'AVTHEVR. Pour celle qui vous touche, ie serois trop outrecuidé de presumer la vous pouuoir apprendre; & si par aduānture vous en recognoissez aucune piece parmy les propos que nous aurons ensemble, ie vous supplie de le donner à la suite de nos discours, plustost qu'à mon intention : car vous sçauez trop mieux que moy, que la function du Gouuerneur d'vn Prince, est en la conduite de la personne : & comme vn bon Pilote à conduire la barque, ayant son œil tousiours veillant, non seulement sur luy, mais encores autant ou plus soigneusement sur ceux à qui sa Maiesté aura faict l'honneur d'en approcher, ou à seruir aupres de sa personne, à ce que chacun se maintenant sous ceste crainte en son deuoir, il ne voye, il n'entende, & ne face chose quelconque, qui puisse tant soit peu laisser de la noirceur du vice sur ceste charte blanche. Les enfans à ces premiers âges icy, pour n'auoir pas assez de iugement pour discerner exactement le bien & le mal, pensent que tout cela qu'ils voyent, qui se fait, oyent ce qui se dit, est bien faict, & bien dict: & apprennent par coustume, & imitation autant, ou plus que par enseignemens. De faire cas du Precepteur, qui de soy-mesme estant recommandable, est comme l'vn me l'vn des outils principaux de cefte nourriture ; d'autant que ce refpect d'honneur fera que le ieune Prince en conceura meilleure opinion, & receura de luy plus volontiers l'inftruction des mœurs & de la doctrine, en laquelle confifte fa function. En outre, vous fçauez que le Gouuerueur eft en cefte charge comme le maiftre de la maifon, qui fe referue pour fa part du mefnage le iardin, & les arbres, ayant le foin & le coufteau en main pour y enter du meilleur plant qu'il puiffe recouurer, & la farpette au poing, afin d'en efbrancher les fions fuperflus, lefquels les empefchant de croiftre & de fe fortifier, deftourneroyent ou feroyent auorter l'efperance conceuë d'en recueillir vn iour de trefbons fruicts. Il esleue des palissades pour les mettre à couuert des mauuais vents, iusques à ce qu'ils soyent paruenus à leur iuste grandeur, ayant alors la force d'y resister eux-mesmes: ainsi c'est à luy qu'appartient la polissure des actions du Prince, & à prendre soigneuse garde, qu'en aucune façon elles ne se desmentét de la vertu, iusques aux moindres contenances que doit auoir, & bien-seances que doit sçauoir vn Prince, pour s'en seruir selon les qualitez, grades, conditions, merites, nations, & autres circonstances des temps, des lieux, & des personnes. Et pource, il doit auec vn soin extreme, tellement remparer par vertueux exemples

& sains enseignemens, & si bien, que l'orage & la violéce des mauuais vents des voluptez, ne le puissent abbattre, & que les véts coulis de la flaterie n'ayent point le pouuoir de le gaster & corrópre en sa saiue. Le Precepteur en ceste œconomie sera comme le laboureur, qui ayant desfriché & recogneu la nature de ceste terre, luy donnera toutes ses façons, & chacune en sa saison, pour la couurir apres de semence de sa portee; & l'vn & l'autre trouuera en la personne de ce Prince, selon mon iugement, vne terre fertile, & fort aisee à manier, & par ainsi de plus grand soin : pource que plus la terre est bonne, plus est elle subiecte à produire des ronces, & des mauuaises herbes quand

DE L'INSTITVTION

elle est negligee. Ie luy fais offre d'vn iournal, d'où il pourra tirer fil apres autre des coniectures euidentes des complexions & des inclinations de nostre ieune Prince : & si l'affection se pouuoit transporter, ie luy en fournirois à suffisance, & autant que nul autre; voire de ceste tendre & cordiale passion que naturellement les peres ont pour leurs propres enfans.

Sovvré. Il est vray-semblable que vostre affection n'est point commune, veu l'honneur que vous auez eu de le seruir assiduellement depuis l'heure de sa naissance, & employé tout vostre temps à recognoistre la nature de ce beau corps, & les dispositions d'vne ame si gentile : ce seroyent deux grands aduantages, s'ils se pouuoyent trouuer en celuy qui doit estre appellé pour faire ceste charge, mais ie vous prie de commencer, & me dites ce qui se doit apprendre à Monseigneur le Dauphin, & quel ordre il y faut tenir, sans plus nous escarter hors de ceste carriere, si ce n'est que le peu de temps qui nous reste, vous deust empescher d'assister à son leuer, & nous faire remettre la partie à demain, comme il me semble estre plus à propos de le faire ainsi : pour cest effect ie vous attendray en mon logis vn peu plus matin, nous aurons ce faisant plus de loisir d'en discourir, & de iouyr plus longuement du plaisir de la matinee. Adieu, bon iour, vous allez

DE L'INSTITVTION
voir si Monseigneur le Dauphin
est esueillé, & moy, trouuer le
Roy qui est encore au prome-
noir.

L'AVTHEVR. L'heure de
son resueil approche voirement,
ie m'en iray donques à son
leuer par vostre congé, &
demain ie seray chez
vous de meilleu-
re heure.

TROISIESME MATINEE.

L'AVTHEVR. Le iour ne faisoit que de poindre, lors que m'esueillant en sursaut, il me souuint de l'assignation que Monsieur de Souuré m'auoit donnee; si bien qu'estant prest, ie pars pour y comparoistre; & arriué en son logis, ie le rencontre sur le poinct de sortir n'attendant que ma venue.

SOVVRÉ. Vous estes homme de promesse, à ce que ie puis voir, allons dans la forest, nous y serons plus à couuert des fascheuses rencontres des faineans de ceste Cour. Que vous en semble?

L'AVTHEVR. Ie n'auois garde de faillir à me trouuer icy, puis que vous me l'auiez commandé, & croy que vous auez tresbien iugé du lieu pour employer sans destourbier le meilleur de la matinee.

SOVVRÉ. Entrons dans ceste route qui costoye le grand chemin, voicy place marchande, estalez vostre marchandise; i'escouteray fort volontiers auec ceste reserue de pouuoir rompre aucunefois vostre discours, pour vous interroger selon les occurrences.

L'AVTHEVR. Bien donc ie le feray, puis qu'il vous plaist ainsi, & de la plus loyale, ie prie Dieu du plus profond de mon ame de m'en donner la grace, puis que c'est à dessein d'en parer la personne de nostre ieune Prince, nay pour regner vn iour sur nos enfans; en voicy la premiere piece. Dieu le Createur apres auoir demeslé la lumiere d'aueques les tenebres, & mis en ordre tout ce bel Vniuers, pestrissant de la bouë, fit son chef-d'œuure, formant le premier homme sur le patron de son Image; puis animant de l'esprit de sa bouche ceste matiere brute, luy donna la domination sur tout ce qu'il auoit creé sous l'enceincte des cieux. Cest homme ingrat decheu de sa perfection par desobeissance, se fit esclaue de la mort, engageant en sa cheute la

DE L'INSTITVTION

race entiere de tous les hommes à pareille subiection; mais vsant enuers sa creature de la douceur de sa misericorde plustost que de l'aigreur d'vn iuste iugement, se contenta pour l'heure de le punir à vie, ioignant à sa condition le trauail & la peine, se reseruant d'enuoyer en ce monde son fils vnique, selon qu'il l'auoit ordonné en son conseil d'eternité, pour satisfaire à la coulpe de son peché; & par ceste satisfaction, le racheter de la peine eternelle. Par où nous apprenons qu'il n'y a sorte d'homme qui se puisse pretendre aucunement exempt de ceste loy commune: les grandeurs mesmes & les puissances qu'il a de grace speciale donné aux Princes, & aux Roys, n'ont peu les affranchir de la rigueur de cefte feruitude, ayans ainfi que le commun des hommes, à naiftre, à viure, & à mourir, n'eftans aduātagez fur eux, qu'en ce qu'il luy a pleu de les choifir pour leur mettre en la main auec auctorité, la conduite, & la garde de fes plus cheres creatures, les obligeant par cefte preference à vne plus eftroicte recognoiffance de fa bonté. Voyla pourquoy ceux qui font appellez pour inftruire les Princes, doyuent en premier lieu leur apprendre cefte doctrine, afin qu'ayans apprins les foibleffes de leur nature, ils foyent admonneftez d'efleuer à toute heure le cœur au ciel, pour demander la force & le fecours qui fera neceffaire, à celuy feul qui le

DE L'INSTITVTION

leur peut donner, comme il a faict la vie, & l'honneur qu'ils possedent, & duquel, comme du Roy des Roys, ils tiennent leurs Empires à foy & à hommage: la cognoissance de leurs infirmitez, la crainte & la reuerence du superieur les rendra gens de bien; & par ainsi plus agreables deuant sa face, plus honorez, & aimez, & obeis plus volontiers des peuples qui deuiendront meilleurs à leur exemple. De cecy nous auōs deux choses à recueillir, ausquelles seules consiste, ce me semble, l'institution que nous voulons donner à nostre petit Prince: l'vne est à luy monstrer la voye qu'il faut suyure pour deuenir homme de bien; & l'autre, la maniere de bien faire sa charge, pour l'exercer lors que selon la volonté de Dieu il paruiendra à la Royauté : à celle fin que partant de ce monde, comme subiect aux loix communes de la nature, il puisse estre asseuré de l'esperance du salut eternel, promis & reserué au ciel aux gés de bien par le Saueur des hommes : & luy rendre en vn mesme temps fidele compte de son administration. Or receuant Monseigneur le Dauphin en l'âge de six ans, si le Roy ne change d'aduis, vous le prendrez sommairemét instruict de ces premiers enseignemens, nay d'vne bonne & facile nature: &, si ie ne m'abuse, d'vn esprit aduancé, arresté, doux & docile, & suffisant de comprendre ceste doctrine aueques iugement,

DE L'INSTITVTION

vous n'aurez point à y perdre du temps : mais à si bien le mesnager, qu'il puisse estre rendu capable de cõmander en Roy, quand il aura atteint l'âge requis pour sa maiorité: & commencez par l'institution de sa personne, comme en personne qui seroit de condition priuee.

SOVVRÉ. Que faut-il faire pour ce commencement?

L'AVTHEVR. Luy enseigner la parfaicte Vertu, cultiuant ces premieres semences qu'il en a ja receuës. Ceste Vertu consiste en la pieté, & en la preudhommie; & en ces deux ioinctes ensemble, la façon d'vn homme de bien, la pieté luy apprendra à cognoistre & craindre Dieu, & la maniere dont il veut estre seruy des hommes. Et ceste doctrine de pieté estant à plain fonds traictee dedans les sainctes Escritures, & les escrits de plusieurs saincts Docteurs & sçauans personnages qui ont vescu en diuers temps en l'Eglise Chrestienne, il sera, ce me semble, bien à propos pour ceste instruction, d'en dresser là dessus vn petit Catechisme fort abregé, & qui contienne seulement les choses necessaires, & celles que le long & legitime vsage a faict passer en nature de loy, ayant à prendre soigneuse garde de ne point faire vn superstitieux au lieu d'vn homme pie, & vrayement religieux : ne se trouuant aucune chose plus contraire à la religion Chrestienne, pure, sans fard, & sans macule, comme est la

DE L'INSTITVTION

superstition. Celle-là, forme l'homme doux, debonnaire, hardy, & charitable ; engendre en luy l'amour, la reuerence & la crainte de Dieu, & la paix en son ame : & celle-cy le transforme en vne beste brute, pleine de felonnie, de cruauté, de lascheté, & beste impitoyable, luy laissant dedans sa conscience l'inquietude perpetuelle qui la remue par la peur & l'effroy qu'il va s'imaginant de la seule iustice & vengeance diuine. Or nostre Prince ayant viuement imprimee dedãs le cœur la cognoissance qu'il faut auoir de Dieu, & de la sorte dont il veut que chacun le serue, il est à presumer qu'il s'y engendrera du tronc de ceste souche vn prouin de science, tãt du bien
que

que du mal, pour sçauoir faire ellection & de l'vn & de l'autre; & que de ce prouin prendra naissance la preudhommie, l'autre partie de la vertu, compagne inseparable de la naïfue pieté, & l'esquierre de l'hôneur sur lequel il faudra qu'il alligne toutes ses actions, ses mœurs & ses pensees; afin de viure vne vie honorable, contente & vertueuse. Lon cognoistra qu'il aura retenu ceste doctrine se rendant moderé, ferme, sage, fidele & iuste en ses deportemens de faict & de parole, auec desir de ne faire iamais enuers autruy ce qu'il ne voudroit point estre faict à soy-mesme, le tesmoignant par effect en ses bonnes œuures à bon escient, non pas en apparence & par feintise à la façon des hypocrites: & n'y a point de doute que s'addonnant à l'exercice de la pieté & de la preudhommie, fortifié par la grace de Dieu, il ne deuienne homme de bien, autant qu'vn homme le peut estre, ayant apprins à aimer Dieu parfaictement, & son prochain comme soy-mesme. Mais tout ainsi que les viandes demeurent sans saueur, si elle ne leur est donnee par le sel ordinaire; nos actions aussi, lors qu'elles ne sont point assaisonnees du sel de la prudence, autre partie de la vertu, voire la vertu mesme, & guide souueraine de ses autres compagnes, qui nous donne l'intelligence pour sçauoir discerner & faire choix selon les circonstances des choses souhaitables, & de celles qui sont à reietter tant en nos deportemens priuez qu'aux functions publiques, & l'œil de l'ame intelligente qui leur donne le lustre. Et comme il sert peu, ou point du tout, qu'vn vaisseau soit chargé de precieuses & riches marchandises, s'il n'est fourny d'vn vieux routier & suffisant pilote, sous la seure cõduite duquel il doit franchir les dangers ordinaires & frequents sur la mer, & arriuer aux costes desirees, il est aussi tres-malaisé qu'vn homme, tant enrichy qu'il soit de vertus singulieres, se puisse garantir de faire iect, ou d'eschouër, ou de faire naufrage au voyage de ceste vie, s'il n'a ceste prudence pour le pilote de ses actions, tournant deçà, delà, ou peu ou prou le gou-

E ij

DE L'INSTITVTION

uernail, faisant hausser ou caler les voiles selon les vents des occasions qui le peuuét sauuer ou perdre, porter ou l'empescher d'arriuer à bon port, apres tant de hasards & perilleux orages courus sur les gouffres du monde. Or d'autant que ceste partie de vertu est vne bonne mesnagere, & plus actiue que les autres, n'estant iamais oisiue, mais ayant sa nature du tout en l'action : il est tres-necessaire de faire prendre à nostre ieune Prince, ceste hostesse chez soy, & pour luy confier le maniement en chef de tous ses mouuemens, & l'asseurer que tant qu'il la conseruera en ceste auctorité, il ne sçauroit faillir, comme il aduient le plus souuent à ceux qui la mesprisent, & qui tombent par imprudence aux precipices de leur ruine, & le persuader à croire fermement que quiconque est assisté de la prudence, est assisté de toutes sortes de deitez.

SOUVRÉ. Vous auez, ce me semble, en peu de termes comprins beaucoup de choses conuenables à nostre dessein, mais comment luy apprendrons-nous ceste partie de vertu en ce petit âge, puis qu'elle est toute en l'action, & que les plus âgez auec trauail & soin continuel, à peine y peuuent-ils atteindre?

L'AVTHEVR. Bien que toute vertu en general soit vne habitude que lon acquiert par l'ordinaire accoustumance, & que de toutes les vertus ceste prudence ait meilleure part en l'action que pas vne des autres, & cela de particulier, qu'elle ne se peut acquerir par regles seules & preceptes, ains par l'experience que nous prenons des affaires humaines, passant deuant nos yeux, & maniees par autruy ou par nous-mesmes, pour y auoir de l'interest, ou que ce soit par le recit de ceux qui les ont ou conduictes, ou entendues, ou bien par la lecture des memoires, des escrits & des liures de ceux qui les ont recueillis pour le profit de la posterité : si peut-on toutesfois en retenant ce Prince assiduellement dedans les bornes des œuures vertueuses, & comme en se iouant, luy faire prendre cognoissance auec ceste prudente & vtile maistresse, la luy faisant remarquer de bonne heure dans les succez bons ou mauuais des actions de son âge, en attendant qu'il aye le iugement noué, capable de comprendre & entreprendre luy-mesme ses affaires: car alors à ses propres perils auec plus de certitude il apprendra à deuenir prudent, estant, comme lon dit, l'homme plus sage & aduisé reuenant de plaider, ores qu'il soit expedient pour estre tel, qu'il le deuienne plustost par l'exemple des autres que par le sien, & son propre dommage, suyuant la voix de l'oracle François qui prononce ces vers:

Heureux celuy qui pour deuenir sage,
Du mal d'autruy fait son apprentissage.

Pour cest effect, des moyens proposez, celuy de la lecture me semble estre plus commode & plus propre à cest âge, & necessaire parauenture pour les plus aduancez: d'autant que la veuë & la parole le plus souuent trompent nos yeux & nos oreilles: & par ainsi le iugement pour n'auoir pas eu le loisir de bien considerer, n'ayant faict que couler: là où lisant, l'esprit s'arreste tant & si peu que nous voulons, & ce faisant il comprend mieux, & iuge plus solidement des causes, des accidents & des consequences des choses leuës; & puis les digerant tout à loisir auec plus de facilité, les conuertit à son vsage, qui est le but où doit viser celuy qui faisant son profit de tout, desire de se rendre hôme prudent, & d'acquerir ceste vertu vtile à des particuliers, mais profitable & necessaire comme vn autre element, à ceux qui ont du maniement en la chose publique.

SOVVRÉ. Ie coniecture par vos discours, que vous seriez d'auis de luy faire sçauoir les lettres?

L'AVTHEVR. Il est ainsi, bien que lon tienne communément qu'il n'importe pas beaucoup que les Princes soyent doctes ; estant assez qu'ils façent cas de ceux qui le sont. I'estime toutesfois que l'vn & l'autre leur sied bien : ayant les lettres, ceste vertu de donner l'embellissement, la vigueur & la force à l'esprit de l'homme, si elles y rencontrent vn bon sens naturel, & la teste

DE L'INSTITVTION

bien faicte: & par ainsi estre besoin de l'en instruire autant qu'il se pourra, estant tres-raisonnable que celuy qui doit vn iour commander à tous, les surpasse aussi trestous en suffisance. C'est vn bien certes plus aisé à souhaiter qu'à esperer pour nostre ieune Prince, veu le siecle où nous sommes, où la vieille rouillure d'vne cuirasse est plus en prix que l'excellence de la splendeur & lumiere de la doctrine, ce sont malheurs qui suyuent à la queuë les guerres intestines. Mais esperons que le Roy son pere appellera aupres de sa personne des pareilles lumieres à celles-là que nos peres ont veu reluire de leur temps autour de celle de quelques vns de ses predecesseurs : &

tout ainsi comme il trauaille incessamment pour le repos, & la grandeur de son Empire, qu'il ne sera moins curieux d'espargner quelques heures pour les donner à son Dauphin, & aduiser à faire tout ce qu'on peut imaginer pour esleuer ce fils au degré le plus haut de la perfection, où l'homme puisse atteindre par les voyes humaines: pour, apres infinis labeurs soufferts en ceste vie, remporter dans le ciel pour le comble de ses trophees, ceste ioye en son ame d'auoir remis entre les mains de ce cher enfant vn Royaume asseuré, florissant & paisible, & de tous ses subiects, l'obligation d'vne estrainćte eternelle de leur auoir laissé son fils pour successeur; c'est à dire,

DE L'INSTITVTION
vn Prince des plus parfaicts & accomplis, & restably en sa personne l'honneur des bonnes lettres sur le throsne Royal, leur estime à la Cour, & par toute la France. C'est tousiours acte digne de gloire en vn bon pere de laisser vn enfant semblable à soy.

SOVVRÉ. Pensez-vous que les lettres soyent si fort necessaires à former l'homme à la vertu, car i'en ay veu, & en cognois plusieurs estimez des plus doctes, aussi meschans, sots & impertinents que lon en sçauroit voir?

L'AVTHEVR. Il est vray, mais ce n'est pas la faute des lettres, ains de ceux qui les sçauent, & qui abusent malicieusement, imprudemment ou sottement de ceste grace non commune. Le cousteau est aiguisé pour en trancher la viande & le pain, & l'employer apres à nostre nourriture, & non pour en tuer aucun : lon fait donner le fil à l'acier d'vne espee pour sa conseruation, ou la deffence de son païs, & non pour en commettre vn homicide de guet à pens, ou enuahir iniustement l'heritage de ses voisins : le sublimé & l'arsenic poisons mortellement cruels, n'ont point esté donnez par la nature pour s'en seruir à ces vsages, où la desloyauté des hommes a destourné leur vertu naturelle : le vin est ordonné de Dieu pour donner la vigueur, le confort & la ioye au cœur de l'homme, non pour noyer & estouffer brutallement le sens & la raison dans les excez de ce puissant breuuage. Ce n'est donc point le fer, l'acier, le sublimé, l'arsenic, ne la grappe que l'on doit accuser, ne detester les lettres, mais la peruersité de ceux qui conuertissent en pestilent poison l'aliment salutaire, & faisans banqueroute à la vertu, & à leur conscience changent en vn contraire vsage la nature des choses. Que si les lettres ne donnent d'elles-mesmes ceste prudence que nous cerchons pour nostre ieune Prince, comme il se trouue beaucoup de gens fort aduisez qui n'en eurent iamais aucune, ou bien petite cognoissance ; si ont-elles ceste proprieté de donner la lumiere à nos entendemens, ainsi que l'air illuminé l'apporte à nostre veuë, d'estre les gardes des magasins où l'on emprunte les outils pour se faire la voye à la conqueste de ceste toison d'or; c'est ou l'on trouue le ciseau propre pour esbaucher, & la varlope pour applanir le brut de nostre entendement, ce sont les Gardenotes de toutes choses que l'homme peut comprendre, le repertoire & le registre des actions humaines dressez pour soulager la foiblesse de la memoire, & d'vn vsage incomparable à ceux qui les possedent, & qui en vsent sans vanité & sans orgueil, pour auoir acquis la possession d'vne telle richesse.

SOVVRÉ. Il est certain que les hommes de lettres, tant pour l'vtilité que pour le grand contentement qui leur reuient de telle cognoissance, ont beaucoup d'aduantage, & recognois que c'est vn tres-riche ornement en la teste d'vn Roy, & necessaire extremement à l'homme Politique, apprenant par l'histoire les fondemens des plus puissans & durables Estats auoir esté iettez dessus la base des bonnes loix construictes par des hommes de ceste profession; & depuis conseruez & maintenus en leur entier par leurs sages aduis: & voyans telles gens estre appellez encore dans les conseils des Princes & des Roys, & employez plus souuent que tous autres aux entreprises & decisions des plus grands affaires, & de paix & de guerre. Mais poursuyuez, & me dites, ie vous prie, par quelle procedure

vous

vous le voudriez rendre sçauant.

L'AVTHEVR. C'eſtoit anciennement vne couſtume entre les Perſes, d'auoir pres du palais Royal vn lieu nommé par eux, la place de Liberté, & dans ſon circuit trois grands deſpartemens deſtinez à loger diuerſemét, ſuyuant trois ſortes d'âges, tous ceux qui vouloyent eſtre inſtruicts à la vertu ſelon leur diſcipline : elle eſtoit ſeparee des autres habitations, de peur que par le meſlinge de la multitude & du commun des hommes, ils n'euſſent à ſe reſſentir des vapeurs de leur corruption. Or le premier deſpartement eſtoit pour les ieunes enfans, où lon les inſtruiſoit à rendre la iuſtice, tout ainſi qu'au-

F

DE L'INSTITVTION

iourd'huy nous les mettons dans les colleges pour y apprendre les lettres; ayans vn soin singulier, à ce que du commencement leurs enfans fussent si bien nourris qu'il ne leur print iamais enuie de vouloir faire, penser, ne dire, ou consentir aucune chose deshonneste & mauuaise. Cyrus lequel par sa propre vertu se fit depuis Monarque, y fut nourry iusques à l'âge de douze ans. Pour ces raisons, laissant à part les rigueurs, & la façon de leur discipline, i'aurois à souhaiter vn lieu particulier comme eux, tel qu'il seroit choisi par sa Maiesté, pour y laisser ce ieune Prince iusques à ce qu'il eust apprins ce que lon peut sçauoir, pour estre aucunement capable d'apprendre de soy-mesme, & tant que l'âge auec l'instruction eust vn peu façonné ses actions, formé son iugement, & du tout esgousté ces petites humeurs qui accompagnēt communement les premieres annees de la vie: ce qui seroit, à mon aduis, fort à considerer en ceste nourriture: car si le Roy trouuoit bon de ne le voir que par fois, il n'en rapporteroit que le contentement du profit remarquable qu'il y verroit de temps en temps, & n'auroit pas le desplaisir des mauuaises creances qui pourroyent eschaper aucunefois en sa presence à la foiblesse de son âge. Et si, toute la France qui maintenant iette les yeux sur ce cher nourrisson, meuë d'espoir, ou tremblante de crainte, pour ne sçauoir quel il doit estre à l'aduenir, n'en receuroit aucune impression de mauuais augure, ne de volonté d'vn sinistre dessein: comme possible il se pourroit faire le voyant en public par preiugé de ces defauts, que l'industrie reforme en la nature. I'estime toutesfois qu'il le voudra retenir aupres de sa personne, là où i'espere, que pour l'amour extreme qu'il porte à sa Maiesté, & l'incroyable crainte qu'il a de luy desplaire, & sur la cognoissance que ie puis auoir acquise de son bon naturel, de la portee, & de la force de son entendement, & asseuré de vostre vigilance, il reüssira selon nos vœux & nos esperances: & pourtant, Monsieur, ne laissez pas à renforcer vos gardes, à ce que la bonne semence que vous aurez iettee dans ce bon fonds ne soit enleuee par les véts des desbauches naturalisees aux Cours des Grands, & emportee, auant possible, qu'elle aye esté couuerte de la terre, ou ne soit estouffee par les mauuaises herbes qu'auront produict les pois succrez des flateurs ordinaires, qui ne craindront pas de le perdre, pourueu qu'ils puissent du hasard de sa perte esleuer leur fortune.

Sovvré. Ie le crois ainsi, mais de quelque façon que sa Maiesté en vueille disposer, ie vous prie de me dire ce qu'il vous semble qui se doit faire.

L'Avthevr. D'autant que le langage est l'instrument commun à tous les hommes pour faire entendre les conceptions de leur entendement, & que ceux-là soyent anciens ou modernes qui ont laissé par escrit les sciences, les arts, leurs inuentions, obseruations, les histoires des nations, & des hommes illustres, les ont escrites en leur propre langage; & que les œuures de la pluspart sont, ou se lisent traduictes en langage Latin, le seul qui de tous les anciens est plus communément cogneu, & entendu par toute nostre Europe, ie suis d'aduis de le luy faire apprendre : & pour cest effect, n'estant plus des vulgaires, luy enseigner sommairemét les preceptes que lon doit suyure pour le sçauoir entendre, le parler, & l'escrire, sans faire faute, & sans perdre le temps sur ces principes par les longueurs, dont vsent ceux qui ont mis en trafique l'instruction de la ieunesse. Puis estant asseuré sur ces premieres regles, il sera bon de le ietter dans les autheurs, où il l'apprenne par l'exercice assiduel d'icelles, & vous verrez que par l'vsage, ainsi continué, il l'apprendra en peu de temps insensiblement, plustost que par preceptes. Et comme nous voyons des honnestes hommes de ce temps qui enuoyent leurs enfans aux pays estrangers pour apprendre les langues, les faisant à ces fins seiourner dessus les lieux, où lon estime se parler mieux le langage de la nation, iusques à ce qu'ils l'ayent suffisammét appris, croyát

DE L'INSTITVTION

que l'eau des fontaines est tousiours plus pure: il faut aussi pour pareil effect, l'abreuuer dãs la pureté des sources de Ciceron, iugé des hommes doctes, sans controuerse le plus pur, & le plus elegãt entre tous les Latins, & sans en gouster d'autre, iusques à ce qu'il ait apprins à imiter cest excellent original. Alors ayant en main ce passepartout, de soy-mesme il ouurira les portes pour entrer chez les autres, empruntera des vns les douceurs des lettres humaines, des autres les discours veritables de leurs histoires, de ceux-cy les façõs de faire la guerre, de ceux-là l'industrie des arts, des autres les sciences. Bref, de chacun selon les differens suiects, il fera son emprunt à iamais rendre : car ce sont creanciers autres que ceux du change, laissant au debiteur leur fonds, & le profit à grandissime vsure.

SOVVRÉ. Vous l'auez, ce me semble, tranché bien court, & clos en peu de mots beaucoup de besongne.

L'AVTHEVR. C'est l'imagination, & mon desir qui m'ont faict abbreger, me l'ayant l'vn & l'autre representé desia totalemẽt instruict. Et à la verité voyant que nous entreprenons d'endoctriner vn Prince, non de faire vn Docteur Regent, & preuoyant qu'il seroit mal-aisé d'auoir vn lieu à part, & du temps suffisant pour l'instruire parfaictement de toutes choses, à quoy la vie entiere d'vn homme seul ne peut pas mesme suffire, il le faut rendre vniuersel: & à ces fins trouuer quelque sentier plus court que la voye commune. Ce sera donc par abregez, luy faisant en iceux apprendre les termes seuls, & comprendre en general les suiects des arts, des sciences & des histoires, à celle fin qu'estant deuenu grand, il puisse auec intelligence prendre plaisir, & profiter aux beaux discours de toutes sortes d'excellens personnages, tels qu'vn Prince de sa qualité doit ordinairement tenir autour de sa personne, qui luy seront alors autant de leçons, ou il puisse s'esgayer quand il voudra sur les pieces entieres: & pour ce faire, il sera besoin d'y establir vn ordre, & le garder auec assiduité, l'vn rendra la facilité, & l'autre la doctrine : l'ordre sera au partage qui se fera du temps, en espargnant certaines heures pour les employer du tout à son estude, le demeurant à ses autres actions, & l'assiduité en l'ordre continué sans intermission.

SOVVRÉ. Faites en le partage, & me dites comment il les faut employer, & les autres aussi que vous luy reseruez hors de l'estude.

L'AVTHEVR. C'est vn ouurage qui se doit cōduire à l'œil, mais puis qu'il en faut dire quelque chose, prenez quatre heures des vingtquatre, deux pour le matin, & autāt pour apres midy.

SOVVRÉ. Que doit-il faire le matin?

DE L'INSTITUTION

L'AVTHEVR. Qu'il soit vestu & tout prest à sept heures; & puis suyuant l'aduis sacré du Caton François:

Auec le iour commence sa iournee,
De l'Eternel le St. nom benissant.

Puis se mettre à l'estude iusques à neuf, aille apres prier Dieu en l'Eglise, & au sortir de là soit libre iusques à vnze, heure de son disner. A vne apres midy qu'il rentre en son estude iusques à trois, puis soit libre iusques à six, heure de son souper, & de son coucher, à neuf.

SOVVRÉ. Auant que de se mettre au lict que doit-il faire?

L'AVTHEVR.
Le soir aussi son labeur finissant,
Le loüe encor, & passe ainsi l'annee.

Voyla l'ordre de la premiere

iournee: le modelle des autres, il n'y aura rien à changer qu'entant que son Precepteur le iugera par le progrez remarquable qu'il aura faict; l'aduançant lors dans les escrits du mesme autheur, ou des autres choisis, enseignans les lettres humaines, propres à duire les humeurs, & les mœurs des hommes à la douceur & à l'honnesteté.

Souvré. Vous n'auez point parlé de luy faire sçauoir la langue Greque, que ie vois en si grande estime entre les hommes doctes?

L'Autheur. Non, d'autant qu'elle n'est que pour ceux qui font particuliere profession des lettres, & sans vsage auiourd'huy au respect de la Latine:

mais on luy apprendra au lieu de celle-là, les langues vulgaires des nations voisines, auec lesquelles les affaires de ce Royaume se meslent ordinairement le plus, y employant les eschantillons qui resteront des heures ordinaires : & d'abondant vne heure aux iours de repos.

SOVVRÉ. Vous ne dites rien des Poëtes, desquels le monde fait si grand cas?

L'AVTHEVR. Ie vous diray d'eux ce qu'en dit vn ancien, que le Prince ne doit point ignorer ce qu'ont escript les excellents Poëtes & les grands Philosophes, mais qu'il se doit rendre tant seulement auditeur de ceux-là, & disciple de ceux-cy, iugeant que la solidité & verité de la doctrine de ces derniers, estoit l'instruction des hommes à la vertu, les vanitez & fictions des autres, n'estant que pour flater & complaire à nos sens, vne voye douteuse à leur destruction: non que ie vueille mettre au rang des destructeurs les premiers Poëtes des anciens Grecs, qui lors estoyent leurs Theologiens, ne ceux qui parmy les Romains nous ont laissé infinité de beaux enseignemens: car ie suis d'aduis qu'ils luy soyent interpretez aux heures que son Precepteur estimera sur sa capacité, estre des plus commodes: mais bien ceux-là, tant anciens que modernes, qui ont perdu le temps pour le faire aussi perdre miserablement aux autres, ne l'ayāt employé qu'à cho-

DE L'INSTITVTION

ses vicieuses, & plus que suffisantes à destourner facilemét l'homme de bien du droict sentier des actions vertueuses, quand se laissant piper & chatouiller l'aureille aux cadences de leur mesures : ce poison emmiellé met en desordre les proportions & doux accords que la vertu a formé dans son ame. Et par ainsi il est tresnecessaire de reietter au loin, & tels escripts & leurs autheurs de deuant sa presence, comme pestes sans mercy de la simple ieunesse; fuyuant en cela l'aduis du diuin Philosophe, qui pour mesmes raisons ne vouloit point qu'ils eussent part ne portion aucune en sa Republique.

SOVVRÉ. Quand il sçaura le langage latin, estes vous pas
d'aduis

d'aduis que lon continue à luy môstrer aussi sommairement les autres arts, côme vous auez dict?

L'AVTHEVR. Ouy.

SOVVRÉ. Quels?

L'AVTHEVR. Celuy qui enseigne à parler auec ornement de langage, & luy en apprendre seulement autant qu'il en est besoin pour former la façon de parler & d'escrire d'vn Prince comme luy, de telle sorte qu'elle soit pleine, pure, propre, serree, esleuee en paroles & en côceptions, & sur tout en sa langue, sans y mesler en façon quelconque des artifices desguisez, & des affeteries de ceux qui parlent en public pour plaire aux assistans, ou pour les induire au lieu de verité à croire le mensonge par l'obscurcissement du pur & du lustre d'icelle, estans telles ou pareilles choses fort esloignees de la grandeur & grauité d'vn Roy, qui pour tout but ne doit auoir deuant les yeux que la rondeur & la iustice. Et d'autant que l'esprit humain est fort subiect à s'abuser souuent en ses resolutions, il sera bon qu'il sçache quelque chose de l'art qui enseigne les hommes à bien raisonner, à nettoyer & demesler la verité d'auec son contraire, afin de ne se trôper point en ses conceptions, pour former & affermir son iugement.

SOVVRÉ. Quant aux sciences, quelles luy peut-on apprendre?

L'AVTHEVR. Quelques parties de celle qui nous donne à cognoistre les choses de la nature, sans s'esgarer dans les contentions. C'est celle-cy qui fut iadis tant prisee par Alexandre, qu'il l'estima ne deuoir estre profanee, la rendant commune à chacun, en escriuit à Aristote son precepteur, se plaignant de luy pour l'auoir diuulguee, ayāt voulu que la prerogatiue de ceste cognoissance luy demeurast particuliere par dessus tous les hommes, comme il l'auoit en grandeur de courage, en puissance & auctorité. Et quant à la science de ce qui est par dessus la nature, d'autant qu'elle est toute contēplatiue, les Princes & les Roys tous destinez pour l'action, & ceux de France mesmement, plus propres à gaigner les batailles qu'à mediter ou faire des haran-

G ij

gues, laiſſons la pour ceux qui ſont vouez à la contemplation, & remplaçons des parties les plus vtiles des ſciences Mathematiques: celle des nombres tienne le premier lieu, comme l'entree pour penetrer à toutes, elle comprend des vtilitez ſans nombre; puis la Geometrie, qui fait cognoiſtre les proportions & les meſures de toutes choſes auec leur vſage, defectueuſe ſans la premiere, & toutes deux tellement neceſſaires, qu'il eſt fort malaiſé que ſans icelle vn Prince puiſſe parfaictemét ſçauoir beaucoup de choſes appartenans au deuoir de ſa charge en temps de guerre aux functions militaires; en temps paiſible à celles de la paix. Que la Muſique ſuyue apres, non pour chanter, mais pour l'escouter & prendre plaisir à celle seulement qui instruise, & ne destruise point, & aye le pouuoir de ramener à son repos son esprit ennuyé de desplaisir, ou trauaillé du fardeau des affaires, essayant par icelle, cõme il le faut par tous autres moyens, d'entretenir la cõsonance naturelle que ses actions en si petit âge, nous font iuger estre dans son ame, & disposer esgalemét par vne deuë proportion de tons, & contrepoids diuersement egaux, les interualles inegaux & mouuemens diuers de son esprit à l'exercice de la iustice, qui n'est rien qu'harmonie. Ayant en main le compas & la regle, faites luy mesurer le globe de la terre, & reco-

DE L'INSTITVTION

gnoiſtre apres par le menu les pieces de ce grand heritage qui doit eſchoir au temps preordonné tout entier en ſa main, luy en apprendre ſe promenant dans ſon cabinet les routes & les voyes, afin qu'apres auoir pareillement prins langue de l'hiſtoire ſur la nature de tant de regions, des mœurs & des humeurs, des loix & des couſtumes de tant de ſortes de nations qui poſſedent le monde, il puiſſe vn iour, auec pleine ſcience, baſtir ſes entreprinſes, & porter ſes deſſeins ſur toute l'eſtendue de la terre habitable. Puis eſleuant ſon eſtude plus haut vers le lieu de ſon origine, qu'il monte de degré en degré ſur le globe celeſte, tenant au poing les meſmes inſtrumens, dont il mesurera l'immensité, & la construction de ce grand edifice, recognoistra les estres de ce diuin Palais, les demeures, les promenoirs des deux grands luminaires, les domiciles des astres & des estoilles, qui comme Vice-Roys & Lieutenans du souuerain Monarque, à la mesure de leur authorité selon leurs differens regards, ou diuerses inclinations, gouuernent sans cesser, tout ce qui est sous eux au demeurant du monde. Il y remarquera la place du Roy son pere, qui reluira vn iour au ciel comme vn autre Soleil, luy seruant lors de Nort aux actions de sa vie, & pres de luy verra la sienne; où tous les deux ensemble, & le pere & le fils, apres auoir rendu les

DE L'INSTITVTION

droicts à la nature, chargez d'ans & de gloire, composerōt vn astre flāboyant que la posterité nommera d'eux, l'Astre des Roys de France. La cognoissance en fin de la mechanique luy sera necessaire pour estre la science qui donne les inuentions de composer & fabriquer toutes les sortes de machines, estant icy à remarquer l'inclination extreme qu'il y a de sa nature. Voyla le cercle racourcy des arts & des sciences que lon peut faire apprendre à nostre ieune Prince en peu d'annees, pourueu que lon en donne le loisir.

SOVVRÉ. Ie le crois, & ne se trouuera parauanture aucun, ou peu de gens qui reprouuent cest ordre, ny à redire à mon aduis : si ce n'est en ce que du commencement vous auez mis l'histoire au rang des abregez, qui doit tenir le premier lieu en l'instruction des Princes.

L'AVTHEVR. Il est vray, ie l'ay faict, mais pour l'instruire de bonne heure en gros aux affaires de sa maison, puis en celles des autres, selon l'ordre des temps, auec intention de luy remettre en main la piece entiere apres l'eschantillon. Car ie tiens que l'histoire est l'eschole des Princes, & que le nostre y doit estre nourry pour y apprendre à viure, & la maniere de bien faire sa charge, & se rendre meilleur par l'imitation ou dommage des autres: c'est où il trouuera des yeux pour tous ceux qui seront sous son obeissance: c'est vne glace de cristal, le miroir de la vie, où il verra en la personne d'autruy louër ses actions sans flaterie, & les blasmer sans crainte : c'est vn bon conseiller, sans passion, & amy tres-fidele, duquel il apprendra les dicts, les faicts & les conseils des Princes & des grands personnages. Sa cognoissance est si vtile & necessaire, que la sçauoir parfaictement, c'est viuant nostre vie, viure celle des autres qui ont vescu, & acquerir les siecles tous entiers par l'employ faict à la lecture d'vn petit nombre d'heures, hastant nostre vieillesse sans abbreger la vie, entant qu'elle est la vieillesse des ieunes gens; & par ainsi il trouuera dans ceste seule eschole la double face de la prudence dont nous auons parlé, laquelle tout ainsi comme elle voit, luy fera voir les choses ja passees, pour se sçauoir soupplement gouuerner sur le train des presentes, & pouruoir aux futures. Et de ce lieu il tirera ce maistre conducteur pour le tenir inseparablement aupres de sa personne, & luy donner à faire le mesnage de ses actions & de ses pensees, & en effect pour luy confier sa fortune & sa vie. C'est en somme ce que ie pése qui se peut proposer côme vn proiect pour l'accomplissement de la premiere partie de ceste instruction.

Souvré. Vous le laissez en bonne main, nous auons tous à prier Dieu, qu'assisté de sa grace, il luy donne ce guide. Le voyla,

ce me semble, sçauant, instruict
par la pieté aux choses de la foy,
aux bonnes mœurs par la preudhommie, aux lettres par les arts,
qui luy ont apprins à droictemét
& richement parler, & enseigné
le droict vsage de la raison, donné par les sciences la cognoissance des choses naturelles, celles
des nombres & de leurs effects,
tant sur les corps solides que sur
l'entendement humain par leurs
proportions & diuerses mesures,
& faict sans partir d'vne place,
courir toute la terre, puis escheler
les cieux, & ouuert les moyens
d'en faire les machines, pour à la
fin comprendre par l'histoire l'e-
stat, & la nature des affaires du
monde. Mais ne pensez-vous pas
que six ans de temps continué

par certaines heures puissent suffire à ceste estude?

L'AVTHEVR. Ouy, & sera facile en vn esprit docile comme le sien, estant seruy d'vn Precepteur soigneux, industrieux & docte, qui l'aime & qui cognoisse exactement son naturel & ses inclinations: que si lon recognoist estre besoin encore de quelque temps, il y peut estre satisfaict, l'empruntant sur les deux annees suyuantes.

SOVVRÉ. C'est lors aussi, à mon aduis, qu'il faudra commécer à luy monstrer ce qui sera de sa vocation, & à luy faire cognoistre les affaires, le faisant souuent assister au Conseil, où il verra selon les occurrences mettre en vsage tous ses enseignemens. Et

DE L'INSTITVTION

pour ne perdre aucun temps, que ferons-nous de ces heures là que vous auez mis en reserue pour ses autres actions?

L'AVTHEVR. Qu'il les employe à son plaisir, & à passer honnestement le temps : il est bien raisonnable de dóner quelque relasche à son esprit, & ce faisant auoir esgard en mesme instant à sa santé, disposition & force corporelle, laquelle se conseruera & s'accroistra par exercices prins à propos selon son âge, & qui soyent si conuenables qu'en exerçant le corps ils esgayent l'esprit, & esgayant l'esprit ils exercent le corps.

SOVVRÉ. Quels?

L'AVTHEVR. Il y en a de diuerses façons, comme est le

promener, danser, sauter, courir, iouër aux barres, à la paulme & au palle-mail, se promener à cheual, la chasse de l'oiseau, celle du lieure aueques des leuriers: reseruant les autres plus forts & violents à plus grand âge, comme tenans aucunement de la nature de la guerre. Et tout ainsi que d'vn poison de lent & languissant effect, qu'il s'abstienne des ieux oisifs, & autres passetemps où le hasard a plus de part que l'honneste industrie, s'accoustumant à prendre plaisir à toutes sortes d'exercices bien-seans à sa qualité, selon les âges & la force du corps, par le moyen desquels il puisse deuenir plus habile, & de paroistre tel à la face de tout le monde. Iusques icy nous auons

DE L'INSTITVTION

recerché la voye, pour donner à ce Prince la façon d'vn homme de bien: ie le vois tel entre vos mains, mais ce sont vestemens communs à plusieurs sortes de personnes, il vous faut desormais de ce Prince homme de bien, en façonner vn Roy. Or d'autant que l'heure de son resueil approche, ie vous supplie de me donner congé, ie verray cependant les boutiques mieux assorties, où ie prendray des plus belles estoffes, pour luy tailler à mon retour ses ornemens Royaux.

SOVVRÉ. I'en suis content, & fort content de ceste matinee, ie m'en iray trouuer le Roy. Adieu donc iusques au reuoir, ie vous feray sçauoir de mes nouuelles.

QVA-

QVATRIESME
MATINEE.

L'Aube du iour commençoit à paroistre, quád trauaillé d'inquietude pour la chaleur desmesuree de la nuict, ie me leue en intention d'aller au parc prendre le frais & l'occasion de donner quelques heures tout seul à mes pensees : mais sortant du Chasteau, ie fais rencontre dessus le pont-leuis d'vn honneste homme venant à moy me dire que Monsieur de Souuré m'attendoit dás la forest au mesme lieu auquel deux iours auparauant il m'auoit laissé, auec pro-

DE L'INSTITVTION

messe de me faire sçauoir de ses nouuelles: changeant donc de dessein & de chemin, i'arriue aupres de luy, qui se promenoit escarté de ses hommes, & l'ayant salué & informé de la santé de nostre ieune Prince, Monsieur, luy dis-ie, vous me semblez plus pensif que d'ordinaire?

SOVVRÉ. Il est vray, ie le suis: car depuis ne vous ay-ie veu, la souuenance du suiect & des choses dont nous auons parlé, & le desir extreme d'en entendre la suite, me donnent tant d'impatience que i'en perds le repos, & sans aucun relasche iusqu'à vostre arriuee, sur la creance que vous venez fourny d'outils & de matiere propre pour accomplir l'ouurage: continuons donc, ie vous prie, & reueſtons noſtre Prince de ſa robbe Royale.

L'AVTHEVR. Vous me ſurprenez, car n'ayant point penſé à deuoir venir icy, ie ne me ſuis pas preparé pour pouuoir à mon gré ſatisfaire ſuffiſamment à voſtre eſperance, ny à moy-meſme.

SOVVRÉ. C'eſt tout vn, ne vous excuſez point, employez ce qui eſt ſur vous, & me dites quel eſt le fondement, & quelles ſont les principales formes des Eſtats, les parties Royales & vertus heroïques, dont il nous faut reueſtir & orner noſtre Prince.

L'AVTHEVR. Tous ceux qui conſiderent l'ordre que Dieu a eſtably ſous ſoy en la conduite du mode vniuerſel, y recognoiſſent viſiblement toutes ſortes de

DE L'INSTITVTION

creatures sensibles & insensibles encloses sous les cieux, estre obligees à obeir & subiectes à suyure les inclinations, l'auctorité & les puissances par luy donnees au corps superieurs, & de ceste iuste correspondance de superiorité & de subiection qui conserue cest vniuers, ils font ce iugement, que c'est vn exemplaire qui doit estre imité des hommes, pour l'vnion particuliere & generale de l'humaine societé, qui se colle, se lie & s'entretient par le ciment du COMMANDEMENT & de l'OBEISSANCE ; la base des Estats, se desioint & dissout, se perd & se ruine, quand l'iniustice se couple à l'vn, & le mespris à l'autre. Or les hommes des premiers siecles ayans cogneu ou par instinct ou par discours, ou par experience le besoin de cest ordre pour leur conseruation, en ont esleu & esleué aucuns d'entre eux auec pleine puissance de les regir & gouuerner : & à ces fins selon la diuersité des occasions, des temps & des affaires, les vns en ont choisi vn certain nombre des plus notables & signalez en prouësse & vertu, les autres ont laissé en commun ceste auctorité : mais les plus sages l'ont confiee entre les mains d'vn homme seul, iugeans que ceste forme de commander, la premiere de toutes, estoit puremét naturelle, la meilleure, la plus paisible, plus asseuree, plus legitime, & la plus approchante de la Diuinité, ayans par succession de temps quité ce-

DE L'INSTITVTION

ste sorte d'ellection au merite des Princes, donnant à eux & à leurs successeurs en heritage & les biens & la vie. Et d'autant que les peuples sousmis aux Princes de ceste condition ont à les receuoir tels que la nature les donne, c'est vn crime sans nom à ceux qui ont la charge de gouuerner leur premiere ieunesse, si par faute de soin & de louable nourriture, ils ne deuiennent bons & capables de leur vacation, la plus difficile certes, mais plus belle de toutes, ne se trouuant entre Dieu & les hommes rien de si excellent comme la Royauté. C'est icy donques où il vous faut viuemét trauailler, estant par le vouloir de Dieu & le choix de sa Maiesté, nommé pour instruire ce Prince, qui a porté conioinctement auecques sa naissance le droict hereditaire de ce noble Royaume, & l'heur ou le malheur qui luy doit aduenir selon l'institution bonne ou mauuaise qu'il receura, de laquelle vous seul serez garand à tant de milliers d'ames, sur tout au Roy qui vous donne son fils, ainsi comme vn bon pere, pour le nourrir, non tant pour soy & son plaisir particulier, que pour le bien & le profit commun de tous ses pauures peuples. Puis donc que la façon de commander à la Royale nous represente la Diuine, & que le Roy est l'image de Dieu gouuernant toutes choses; voire mesmes vn Dieu humain en terre : ia n'aduienne qu'en la personne de ce Prince si

H iiij

DE L'INSTITVTION

cher à cest Estat, au lieu de ceste image il se forme vn phantosme, ou quelque Roy en apparence, semblable à ces grands Colosses qui n'ont rien que la morgue, ne fermeté que sous la pesanteur de ceste masse oisiue dont ils sont composez, & ne paroissent que par l'exterieur, ayant pour contrepoids le creux de leur poictrine plein de vieille ferraille, de bourriers & d'ordure, & qui pour n'auoir esté platez de droicte ligne dessus leur pied-d'estal, grosses masses muettes sans mouuement ne sentiment aucun, panchent premierement, puis tout à coup fondent dessous leur propre fais. Mais vous n'aurez, à mon aduis, à craindre pour ce regard: car ce Prince estant desia si seurement planté deſſus le cube de la vertu, c'eſt à dire ſi bien inſtruict en la cognoiſſance de Dieu & de ſoy-meſme, & ſon ame heroïque tellement balancee d'vne ſi iuſte proportion par les preceptes de la pieté & de la preudhōmie, il faut croire pluſtoſt de luy que les appaſts, les mouuemens & les ſecouſſes des choſes vicieuſes n'auront iamais aſſez de force pour le faire branſler, & qu'ainſi faiſant il cueillera les fruicts d'vn Prince vertueux, ne ſe trouuant pas ſeulement homme de bien pour ſoy, mais pour tous ceux qui tomberont en ſa ſubiection, leſquels conſiderans ſes actions, ſe regleront eux-meſmes ſur le patron de ſa vertu & de ſa bonne vie.

Car les Roys sont tousiours des peuples les obiects,
Et tels comme ils seront, tels seront leurs subiects.

Ceste imitation engendrera dedans leurs cœurs de l'amour enuers sa personne, l'affection, l'inclination & la facilité de ployer sous le ioug de son obeissance. O que c'est vne seure & fidele garde pour vn Roy que son integrité, l'vne des causes principales d'vn regne heureux, paisible & perdurable!

SOVVRÉ. Dieu luy fera la grace, s'il luy plaist, de voir ce que vous dites; mais puis que nostre Prince est ordonné du ciel pour commander à l'aduenir en Roy, quelle est la fin de sa vocation?

L'AVTHEVR. C'est le bien

du public : car ores que les Roys ſoyent nais pour dominer en terre de pouuoir ſouuerain, ſi doyuent-ils penſer que ce n'eſt point par eux, & recognoiſtre ceſte confeſſion qu'ils font au frontiſpice de leurs eſcrits publiques, de tenir leurs Royaumes de la grace de Dieu, qui les oblige par icelle d'auoir le ſoin du ſalut & du bien & ſeureté des peuples, & que c'eſt abuſer de la charge, de preferer leur intereſt particulier à celuy de la republique, ne iugeans pas que l'intereſt du peuple eſt le pur intereſt du Roy, qui ne differe du Tyran qu'en ceſte circonſtance : qu'il reçoyue donc ceſte loy venant du ciel, pour premiere leçon, & la retienne tous les iours de ſa vie, en vſant

DE L'INSTITVTION

enuers ses subiects ainsi que Dieu le fait comme bon pere enuers ses creatures, preuoyant & pouruoyant entierement à leurs necessitez, & qui veut estre par les hommes ialousement qualifié de ceste qualité, les nommer & tenir pour ses propres enfans, que nostre Prince ne la mesprise point, & en face les œuures sur le partage qui luy en sera faict par sa diuine volonté, n'estimant pas moins honorable le beau tiltre de pere du pays, que celuy-là de Roy : car comme vn pere est naturellement le Monarque d'vne famille particuliere, vn Roy l'est d'vn Royaume composé de plusieurs. Sur quoy il considerera, qu'estant nay comme il est dedans ceste Royale & ancienne famille, qui domine sur les François, c'est pour y estre le maistre vn iour, & commander sur eux; non point en estranger, les gourmandant outrageusement pour satisfaire à l'abandon de ses cupiditez, mais en pere & en Roy, ayant tousiours deuant les yeux ces paroles du peuple sainct, & celles de son Roy; Nous sommes, Sire, vos os & vostre chair, & vous estes mes freres, & ma chair & mes os, pour y apprendre que le deuoir d'vn bon & sage Roy, c'est de conduire & gouuerner son peuple, auec amour de frere, & charité de pere, s'il en veut retirer vne franche & prompte obeissance. Nourrissant donc dedans son ame vne si saincte intention, il regira ses peuples, les

DE L'INSTITVTION

contenant en leur deuoir par vne iuste egalité, mere, nourrice & gardienne de toutes choses; armé de la IVSTICE, & tenant en sa main ceste balance qu'il a porté du ciel à sa natiuité, rendra & fera rendre sans fleschir à chacun le sien,

Contregardant le bon, punissant le coulpable:

& commencera à exercer en sa personne le pouuoir de ceste vertu, côme premiere des functions Royales, reglant en soy les appetits desordonnez des passions de l'ame, afin qu'estant iuste pour soy, il le soit pour le peuple: ce seroit entreprendre d'oster au monde le soleil à celuy qui voudroit oster au Prince ceste vertu, que lon recognoist estre d'vne telle importance, qu'vn Roy en perd sa qualité, & souuent son Estat, par faute de ce fondement, le fondement d'vn Estat legitime. Ayant donques à commencer en soy l'exercice de la iustice, & la iustice estant l'effect & la fin de la loy, & la loy l'ouurage du Prince, faict par le ministere de la raison, qui ne differe de la iustice que de nom, il se doit rendre exactemēt soigneux de le bien conseruer, en s'obligeāt luy-mesmes à la loy, Royne des hōmes & des Dieux, c'est à dire, engager toutes ses actions aux conditions d'icelle, sous les regles de la raison, vertu particuliere que Dieu a mise pour difference entre nous & les bestes : ne fera point comme aucuns Princes, parauenture mal

DE L'INSTITVTION

conseillez, ou peu prudents, qui n'estimét souuerain bien en leur Empire, que de n'auoir rien pardessus eux qui leur face la loy: sans considerer que les bonnes loix, ce sont les chaisnes & les liens qui retiennent en corps les parties de l'edifice du Royaume, non plus Royaume, mais vn pur brigandage, quand on les voit aneantir ou se lascher sous l'effort du mespris ou de la violence: ceste submission esleuera son honneur & ses gloires, & rendra ses subiects plus soupples, voyans leur Prince tout le premier donner les mains à la raison: sous laquelle il fera des iustes loix, pour faire viure ses peuples en seureté sous ce couuert, & comme il en fera l'ouurier, la garde aussi & la direction

direction luy demeureront propre en souueraineté pour dominer, en sorte qu'il ne soit faict aucune iniure aux plus accommodez, & empescher que par faueur, par haine ou autre passion, les plus puissans n'oppressent les debiles, ains en reçoiuent tous selon les loix vn traictement egal, par ce moyen se rendant immortel : car il est bien certain que ces deux grandes vertus Pieté & Iustice, canonisent les Princes. Face peu de nouuelles loix, la multiplicité estant indubitable marque d'vne insigne corruption dans le corps d'vn Estat, les vrayes loix ce sont les bonnes mœurs : & puis vn iour il doit entrer en la possession d'vn Royaume comblé de bonnes loix, toutesfois accablé deſſous la peſanteur du tas de ces formalitez qui en ont prins la qualité, & occupé la place par la malice induſtrieuſe de quelques vns qui ont rendu venale la pourſuite de la iuſtice, & conuertie en vn meſtier de ſordide deception : c'eſt vn mal enuieilly, où il faudra qu'il remedie à temps auec prudence & bon conſeil, faiſant faire vne eſlection de toutes les meilleures loix pour en garder l'vſage.

Sovvré. I'approuue fort ceſte doctrine, elle eſt de Dieu, tout iuſte, & la iuſtice meſme: mais il n'eſt pas auſſi tant rigoureux qu'il n'en relaſche aucunefois pour donner lieu à ſa miſericorde : & m'eſt aduis que par fois noſtre Prince en doit vſer

DV PRINCE.

ainsi, y apportant quelque adoucissement.

L'AVTHEVR. C'est la verité, & si ceste clemence, bien qu'elle semble vn peu gauchir à la iustice, ne donne pas moins de lumiere & d'asseurance à la grandeur des Princes quand ils en vsent auec discretion : ceste vertu est des plus grandes, toute Royale, & conforme à l'humanité, & mieux qu'à nul autre de tous les hommes, bien-seante à vn Roy, qui est, comme lon dit, en plein drap, pour la mettre en vsage, tenant de pouuoir souuerain en sa disposition la vie & la mort de tant de creatures. Il en vsera donc auec iugement selon les temps, les personnes, les lieux, la nature des crimes, & autres circonstances, lesquelles par la diuersité de leurs changemens peuuent rendre coulpables, & faire chastier des hômes qui auront faict quelque chose louable, & iuger mesmes estre faute vn faict aduenu d'aduenture. Qu'il pardône auec mesure, non point à chaque bout de champ, rendant sa clemence commune : car faire grace sans distinction considerable, c'est introduire le desordre & la confusion, & faire planche à la foule des vices : ce n'est pas vne plus grande cruauté de ne donner aucune grace que de l'octroyer indifferemment à chacun : si d'aduenture la douceur & l'aigreur balancent au forfaict du coulpable, qu'il frappe coup sur la balance, la penchant à l'humanité. Ainsi qu'il soit humain, l'excessiue rigueur est mere de la haine, mauuaise gardienne, non seulement de la Principauté, mais de la propre vie du Prince souuerain, & recerche plustost de se faire obeir par amour que par crainte, comme Dieu le demande de nous: par ces moyens il se rendra aimé, & sous ceste amitié asseurera sa vie, & maintiendra d'vne telle façon l'honneur de son Estat, iusques à la vieillesse, qu'il pourra le consigner en mourant à sa posterité pour en iouyr & le posseder en paix iusques à pareil âge: enseigné par experience qu'il n'y a point de citadelle plus forte pour vn Roy que n'en auoir que faire, comme sera celuy qui fera sa citadelle du cœur de ses subiects, auquel les regiments de gens de pied & les gardes du corps ne seruiront que de parade. Fera punir à la rigueur les fautes d'importance, & preiudiciables à la chose publique, pardonnera les siennes : car de venger ses iniures, bon au particulier, non à vn Roy, sans desroger à la grandeur de sa Maiesté. Il sera donc

Prompt à mercy, tardif à la vengeance:

& se mire pour ce regard dedans les actiõs du Roy son pere, lequel donnant par preference ses interests particuliers aux offenses publiques, n'a point trouué plus de secours en sa grande valeur qu'en sa rare clemence ; ayant par les rayons d'icelle, cõme vn puissant soleil dissipé les espaisses obscuritez & profondes tenebres où ce pauure Royaume estoit enseuely, luy redonnant le iour & la sereni-té dont il iouyt, & s'esiouyt par toutes ses parties. Il y contemple-ra son infaillible FOY qui le fait triompher de tous ses ennemis : ceste vertu est du tout necessaire au Prince aimant l'honneur, le bien public & ses propres affai-res : c'est la matiere dont se fait le ciment du fondement de la iu-stice, le seul lien le plus estroict & plus commun des conuen-tions des hommes. Ceste vertu, qui se peut dire la source des ver-tus, contient en soy le pouuoir & la force des autres, & rend le Prin-ce tres-asseuré qui se trouue cou-uert de ce bouclier à toute preu-ue : que nostre Prince en face

I iiij

DE L'INSTITVTION

estat, & pense meurement auant que de promettre & de donner sa foy, mais la maintienne apres inuiolablement, demeurant ferme comme vn rocher en ses paroles & promesses : & ne tende l'aureille pour se la laisser empoisonner à ces ames perdues qui le voudroient persuader d'en pouuoir autrement vser, pour l'esperance de la douceur d'vn interest particulier ou profit deshonneste, ou pour autre suiect, dessous le masque de quelques faux pretextes, qui pour cachez qu'ils soyent, se descouurent à la fin à sa honte & ruine. Vn Prince, voire vn homme priué, sans ceste vertu c'est vn corps priué d'ame : Dieu hait l'homme pariure, & l'en punit, Dieu est fidele, le Prince le doit estre, puis qu'il en est l'image. Et d'autant que lon voit faillir & se perdre le plus souuent les hommes esleuez en degré souuerain de la bonne fortune, pour se laisser porter legerement à l'essaut par le souffle des vents impetueux de la presomption, de la superbe, & de l'orgueil, desdaignans trop outrageusement ce qui se trouue au dessous d'eux, voire tout ce qui est egal à eux: que nostre Prince ne face pas ainsi, mais dressant ses actions au niueau de la modestie, vertu gemelle de la clemence, bannisse de son ame & de sa Cour ceste peste de vanitez tant ordinaire, & comme domestique à la suite des Grands, des Princes & des Roys: qu'il cõsidere que si Dieu l'a faict

DE L'INSTITVTION

naiftre d'autre condition que le commun des hommes, que la puiffance qu'il a fur eux ne le rend pas moins homme, ny peftry d'autre pafte: que le plus grād en dignité, ce n'eft qu'vn peu de poudre haut efleuee qui doit eftre dans peu de temps rauallee à l'egal des plus viles : que Dieu furhauffe les petits, & abbaiffe les grands: fait vn fceptre d'vne houlette, & le change quand il luy plaift au foc d'vne charrue: qu'au monde il n'y a rien de fi fragile que la vie de l'homme : qu'vn fier Lyon fert fouuent de carnage aux moindres animaux, & qu'il n'y a deffous le ciel aucune chofe de plus certaine comme l'incertitude & la mobilité des affaires humaines : face paroiftre fa modestie exterieurement, se rendant doux & affable à chacun selon sa condition, courtois à la Noblesse, aux hommes d'âge mesmement, & aux vieux Caualiers : car plus vn Prince est grand en dignité, plus il esleue sa grandeur par ceste courtoisie, il suffit de pouuoir : en son parler fuye le trop & le trop peu, le composant de douceur & de grauité, d'autant qu'il est bien plus seant de voir aux hommes les aureilles ardantes à escouter les paroles d'vn Roy ou Prince souuerain, que languissantes & saoullees de l'ouyr trop parler : ne mente point, louë le bien, blasme le mal aussi, sans toutesfois prendre plaisir à faire profession d'iniurier, de se moquer, ne vertu de mesdire : cela

DE L'INSTITVTION

tient du faquin & du bouffon, & rien du Souuerain, qui ne doit retenir en ses actions, ne mesmes en sa pésee, aucune chose de l'obscur du vulgaire : puis d'en vser ainsi, les courages se piquent, les volontez s'esgarent, & s'alienent sans retour aucunesfois les plus entieres affections: soit accessible mais non commun à ses subiects, soit prompt, & patient à donner audience, escoute tout, iuge de tout sans passion, & soit consideré à faire ses responses, & iamais n'offense personne de faict, & ne rebute de parole fascheuse ceux mesmement que la nature des affaires contraindra de parler à luy, ains les escoute paisiblement ne permettant qu'ils se retirent de deuant sa presence sans en receuoir quelque contentement, afin que toute l'obligation & le bon gré en demeure à luy seul, & le mescontentement, s'il en eschet apres, retombe sur le dos de ceux qui feront ses affaires, croyant qu'il n'y a moucheron qui ne porte son ombre, ne si petit chat qui ne porte sa griffe, & qu'il ne se voit rien au monde de si ferme ne si bien estably, qui ne puisse estre endommagé, ou receuoir atteinte par chose plus debile, & que par vn despit ou vne indignité aucunesfois selon l'occasion,

Vn subiect courageux peut destruire vn Empire:

qu'il soit propre, non excessif en sa vesture, & laisse aux femmes ces curiositez, la sienne principa-

DE L'INSTITVTION

le soit l'ornement de son ame, la preferant aux parures du corps: en vsera de mesme au manger & au boire, s'accoustumant à tout, mais sans participer aux dissolutions de ceux qui en font ordinaire: qu'il face reglément en sa maison vne honorable & splendide despense, & soit tousiours accompagné d'vne troupe choisie & magnifique suite: bref, qu'il compose tellement sa parole, son port, sa contenance, ses gestes & ses pas, & ses autres actions, que sa naïfue & naturelle Maiesté n'en puisse iamais receuoir aucune fletrisseure : car elle est tres-puissante, & necessaire autant ou presque plus que la vertu pour le chef d'vn Empire: qu'il soit liberal, la liberalité est vertu propre pour vn Roy: elle confifte en vne legitime difpenfation des recompenfes & bien-faicts enuers ceux qui les ont meritez par feruices louables, faicts à l'Eftat ou à fa perfonne: c'eft l'eftay & l'appuy d'vne iufte domination, que noftre Prince en vfe à la proportion de fes cõmoditez, felon les hommes & le temps, auec iugement & mefure, de peur que par l'excez & la profufion, la liberalité ne s'efpuife d'elle mefme, & la fource en tariffe, & foit contraint apres pour y fournir de recourir aux moyés illicites: par les mains de cefte vertu le Prince garde & retient ceux qui l'aiment, remet en voye les defuoyez, & range aucunefois les plus fiers ennemis. Et pour-autant qu'il n'y a rien aux actions des hommes de plus brutal & odieux enuers Dieu, que de les voir proſtituer comme en deſpit de la raiſon, & ſe donner en proye à l'appetit du ſens commun, aux plaiſirs de la chair: que noſtre ieune Prince pour euiter leurs douceurs trompeuſes, ſuyue la chaſteté, comme l'vne des tutrices de la ſanté du corps, & l'vn des contrepoiſons des ſouilleures de l'ame: & d'vn meſme temps ramene la cholere, & la dompte du tout, ou ſe garde du moins que ceſte paſſion ne le tranſporte, & le porte au peché: qu'il ne la couue point, ains pluſtoſt la face paroiſtre, pource que la cholere retenuë & cachee ſe forme en haine, & ceſte haine auec le temps en deſir de vengeance,

geance, & ce desir en fin se conuertit en cruauté. Et si d'aduenture vous remarquez en luy tant soit peu d'inclination à ceste humeur soudaine, il y faudra soigneusement veiller, à ce que par vne habitude continuee sous la douceur de vos enseignemens, il se rende le maistre de ceste passion, de consequence tres-dangereuse quand elle trouue place dedans l'ame d'vn Roy, qui peut tout ce qu'il veut : ne le rudoyez point, il panche plus à la mansuetude qui procede du sang, que vous embraseriez, & ce faisant par succession de temps se corromproit tout ce qui est en luy de bonté naturelle : roidissez continuellement contre vn homme cholere, vous en ferez vn fu-

DE L'INSTITVTION

rieux: que si ce Prince eschappe aucunesfois, gauchissez soupplement à ses promptitudes, les arrestant par vne viue & gracieuse reprehension qui luy puisse donner vne apprehension honteuse de la faute cōmise, ou que ce soit par les exemples des actions d'autruy, par des raisons, ou par autres destours ; mais principalement comme en ses autres imperfections, par le respect & la crainte du Roy, disposant doucement toutes ses volontez par le poinct du deuoir & de l'honneur, à faire ioug dessous la reuerence de ce nom seul : ainsi vous le rendrez à soy, vous le rendrez à la raison, & à telle creance que vous voudrez qu'il aye, qui sera celle-cy : Qu'vn Prince doit auoir touche franche dessus le vice, & ses actions toutes frappees au coing de la vertu: & qu'en ceux de ceste qualité, il n'y a vice ne deffaut aucun qui soit indifferent : car les vices d'vn Prince sont plus à craindre que ne sont pas les ennemis naturels de l'Estat, ceux icy peuuent estre vaincus & desconfis entierement en vn iour de bataille, les autres non, qui sont ferme, & demeurent en pied aussi long temps comme le Prince en la lumiere de la vie : les ennemis ne font qu'effleurer la campagne ; mais les vices du Prince, c'est en camp clos vne armee inuincible, qui perd & qui corrompt les bonnes mœurs, sappe & destruit les loix, & à la fin renuerse de fonds en comble & l'Estat & le Prince. Pour faire

DE L'INSTITVTION

tout cecy, il est besoin d'auoir vn magnanime & genereux courage recommandable en tout, mais non moins estimé à subiuguer les sales & vicieuses passions, qu'à vaincre & à surmonter les trauerses du monde. Or ceste magnanimité est conuenable à tout homme, pour abbaissé qu'il soit de sa cōdition, mais du tout à vn Prince, & paroissante plus à clair haut esleuee sur vn throsne Royal au milieu d'vne Cour, où plus elle se trouue rare, plus est-elle admirable : que nostre Prince donc qui la tient de sa nature, ne s'en relasche point, pour s'empescher de fondre dedans le calme de ses prosperitez, & de couler à fonds durāt les tourbillons de ses mauuaises fortunes, & pouuoir eslarter tout d'vne main les superfluitez, iusques aux moindres qui tiendront à son ame, s'il aime Dieu, l'honneur du monde & la conseruation d'vne honorable renommee, l'vnique but des actions d'vn Prince, pour la garder sans tache durant sa vie, & la laisser apres en heritage à ses enfans, & en exemple aux Princes à venir, par les labeurs de quelques vns qui auront prins la peine d'enregistrer ses plus beaux faicts pour les donner auec leur nom à la posterité : tels instrumens ne luy defaudront pas lors qu'il les aimera, donnant honneste recompense au merite de leur vertu: & ce faisant, n'aura que faire de souhaiter comme Alexádre, pour vn Homere il en trouuera cent

DE L'INSTITVTION

qui facreront fon nom, fon los & fa reputation à l'immortalité.

SOVVRÉ. Il eft certain que les Princes doyuent aimer, donner du bien & de l'honneur aux hommes qui font profeffion des lettres, lefquels par leur docte induftrie rendent la vie à leur vertu, qui mourroit auec eux enfeuelie au fonds d'vne eternelle fepulture: n'adioufterez-vous rien de plus à ces derniers propos?

L'AVTHEVR. Non, Monfieur, en voyla pour ce coup la derniere des fleurs de lys, dont nous auons femé le champ de fon manteau Royal, & en ceft equipage il nous le faut inftruire, & le rendre capable de pouuoir dignement à l'aduenir tenir le throfne de fes peres, luy mettant en la main le gouuernail pour luy apprendre à conduire l'Empire. Or c'est icy qu'il aura bon besoin de se laisser entierement guider sous la boussole de la Prudence, dont nous auons parlé il y a quelques iours, comme estant tres-vtile à tout homme aux actions priuees, & du tout necessaire à celuy-là qui tient en chef le timon des affaires publiques, ayant à emprunter de ceste vertu la cognoissance des destours, & des voyes par où lon peut auec dexterité venir à bout, ou se garder de quelque dessein impossible à la force, & à faire comme le bon pilote qui prend le vent de rhum en rhum pour entrer seurement dedans le port, n'ayant peu l'entreprendre par la plus courte route, sans danger du naufrage. Mais d'autant qu'il est malaisé de donner des preceptes & des regles particulieres pour acquerir ceste vertu, & qu'vn chacun s'en doit faire, prinses sur la nature de la diuersité des circonstances de tout cela qui peut tomber aux actions humaines par l'experience d'autruy, ou par la sienne propre: & par ainsi estant tres-difficile qu'vn Prince souuerain puisse estre de soy-mesme, & par les seules forces de son entendement, assez capable de manier les affaires de son Estat, comme il seroit à souhaiter tant pour le repos de son esprit que le bien de son peuple: il fera necessaire de mettre de bonne heure aupres du nostre des personnages de probité & suffisance recogneuë, qui en ayent le soin, les vns pour le conseil & pour l'instruire aux affaires, & les autres pour le seruice & la conseruation d'vne si chere teste, & tous ensemble si gens de bien, qu'il ne se perde pour en estre autrement, aucune chose en luy de ceste bonne & saincte nourriture qu'il a prinse iusques icy. Vous y estes desia pour la personne, auec auctorité de commander en sa maison & en sa chambre : il vous faut vn second en sa garderobbe qui soit homme de qualité, d'âge & de preudhommie, car c'est par ces deux portes que le vice ordinairement fait son entree, puis dans les cabinets, & de là glisse son poison dessous les fueilles du

DE L'INSTITVTION

plaisir dedans l'ame des ieunes Princes, quand ceux qui en portent les clefs n'y font pas bonne garde.

SOVVRÉ. Nous voyla maintenant sur vn suiect de tref-grande importance pour l'honneur & le bien de nostre petit Prince: mais nous entretenans, allons vers le iardin pour y apprendre des nouuelles du Roy: pleust il à Dieu auoir peu recognoistre quelle en seroit sa volonté sur ceste ellection, nous serions hors de peine n'ayant plus qu'à la suyure : il n'y mettra rien en oubly, estant pere qui aime si cherement ce fils, & Roy si plein d'experiences, qu'il ne s'en trouue aucun viuant, ny entre ceux qui ont vescu; vn autre de pareil, qui aye comme luy acquis vne plus grande cognoissance en tout ce qui se peut des affaires du monde, pour auoir dés ses plus tendres ans, si souuent esprouué, & combatu si vertueusement les inconstances de la fortune. Ce n'est pas vne chose des plus aisees à vn Prince de bien sçauoir faire le choix de ses seruiteurs, & de iuger à quels vsages ils peuuent estre propres; il y faut du iugement, de la prudence & de la dexterité, sa reputation, à mon aduis, estant beaucoup interessee en la bonne ou mauuaise ellection d'iceux : Et pource ie desirerois de faire remarquer au nostre quelques indices pour n'y estre point abusé, mais principalement certaines marques pour luy apprendre à

DE L'INSTITVTION

recognoiſtre les flateurs deſſous le maſque d'affection, eſtimant que la flaterie entraine auecques ſoy toutes les autres qualitez de mauuais ſeruiteurs, & qu'il n'y a aucune ſorte d'infection ne de peſte plus dangereuſe autour des Princes comme l'haleine de telles gens, ſuffiſante de perdre & de corrompre les meilleurs, les plus ſains & plus fermes, & bien ſouuent de renuerſer rez pieds rez terre & eux & leurs Empires.

L'AVTHEVR. Il eſt certain qu'en ceſte election il y va de l'honneur & du bien, voire i'adiouſteray de la vie du Prince, qui ſont en ſeureté entre les mains & en la confiance d'vn ſeruiteur fidele, aimant ſon maiſtre de tout ſon cœur, ſans diſſimulation, &

sans auoir en sa pensee aucun dessein à son propre aduantage. Vous auez bien iugé de l'humeur des flateurs, & des effects de la flaterie, marque asseuree d'vn bas & lasche cœur en ceux qui la recueillent auec plaisir, & s'y laissent piper, autant & possible plus qu'aux autres qui en vsent seulement à dessein de faire leurs affaires. Ce sont ces vermiceaux qui ne s'attachét qu'aux bois plus tendres & delicats, c'est à dire, à ceux là qui sont de plus facile & meilleure nature, comme elle est plus communément aux premieres annees de la ieunesse, qui se laisse ronger facilement, & perdre sans remede par ceste vermoleure, si de bonne heure lon ne s'en donne garde, estant tres-difficile à descouurir, d'autant que ceste vermine porte cachee deſſous le voile d'amitié l'amorce venimeuſe, dont elle fait ſa prinſe de ceux qu'elle pourchaſſe: puis en ce qu'il n'eſt rien tant naturel à l'homme que l'amour de ſoy-meſme, qui luy aueugle le plus ſouuent de telle ſorte les lumieres du iugement, qu'il ne voit non plus qu'vne taupe en plein midy dans ſes plus lourdes actions, & ſe flate plus que nul autre, dedans l'impur de ſes propres fautes. C'eſt l'vne des plus griefues maladies qui puiſſe ſaiſir l'entendement humain, qui cependant qu'elle luy dure, ne voit rien qu'à trauers le verre de ſes fauſſes illuſions, & peu à peu le fait gliſſer dedans les pieges de la présomption, meurtriere passion de la vertu, & des idees vertueuses. Mais s'il y a quelque moyen pour descouurir l'hypocrisie de ces galands, en voicy quelques vns entre plusieurs des plus communs, à mon aduis indubitables: vous les verrez en general soupplir comme couleuures, & complaire en toutes façons, couler tousiours sans resistance aucune de faict ne de parole, & surpasser aucunesfois les vrais amis & plus fideles seruiteurs, en soin, en diligence, & en tout autre tesmoignage qui se peut rendre d'vne sincere affection : ayant cogneu qu'il n'y a rien entre les hommes qui les oblige plus estroictement que de se voir aimez, & voir aimer pareillement les mesmes

choses qui leur sont agreables : &
par ainsi faisant le guet assiduellement comme des chiens couchans pour prendre le gibier, & recognoistre les defauts de la place sur laquelle ils ont faict dessein, iugeans que la complaisance est la seule machine propre pour s'en faire les maistres : ils s'estudient à imiter entierement, & à tromper en imitant les mœurs, les complexions & les façons de faire, & tous les exercices où ils s'apperceuront que le Prince prédra plaisir: s'il est voluptueux, ils feront des Sardanapales ; s'il est d'humeur cholere, ils feront furieux ; s'il est melancholique, ce seront des Timons ; s'il contrefait le borgne, ils se feront aueugles ; s'il a la goutte au bout du doigt,

du doigt, ils feindront de l'auoir nouee par toutes les ioinctures; si les lettres luy plaisent, ils auront tousiours en parade vn liure pendant à leur ceinture; & s'il se plaist à la chasse du fauue ou de la beste noire, ils porteront dedans leur sein les meutes à douzaines, & sans partir d'vn cabinet aualleront les forests toutes crues. Ces gens icy, gens sans honneur, qui n'ont non plus de honte qu'ils ont de conscience, pleins d'artifices dissimulez, & doubles, on les verra railler, mentir effrontément, mesdire, bouffonner, & tirer de leur forge des petits contes pour luy donner à rire, frappans aucunesfois sur leurs intimes amis & sur eux-mesmes, plustost que de n'auoir aucune cho-

DE L'INSTITVTION

se à luy dire, ne taschans qu'à complaire à quel prix que ce soit; faire par fois de bons offices en public pour estre creus, & assommer apres, comme on dit, dessous la cheminee : dire du bien pour auoir loy de nuire ne parlant qu'à demy : tous variables à dessein en leurs opinions, dónant au noir la blancheur de la neige, à la blancheur, la noirceur de l'hebene, & reprouuans selon l'occasion ce qu'ils auront auparauant loué, puis exaltans iusques au neufiesme ciel les mesmes choses qu'ils auront reprouuees, & rauallees iusques au centre de la terre, & comme vrays coqs de clocher, vous les verrez pirouëtter au gré du vent des volontez du Prince, ou naturels Chameleons prendre le teinct quand bon leur semble de toute sorte de couleurs, si ce n'est de la blanche, figure de la probité. Ils sont mouuans, actifs & assidus, & vont chauffant la ceinture à chacun, s'entremeslent de tout, ils sçauent faire tout, ils font tout, ils font tout, & deuant luy les bons vallets, faisant valoir impudemment des seruices non faicts ou à faire, en parole, se presentans souuentefois sans respect & sans suiect à des imaginaires, iusques à souffler sur le manteau, ou le poil ou la plume qu'ils n'y auront point veuë : iamais tant seruiables, voire inuincibles, que aux choses deshonnestes, ne moins qu'aux vertueuses : car s'il se parle de porter le poulet, ils eslancent la main tous les premiers

L ij

DE L'INSTITVTION

pour en faire l'office: si d'enuoyer quelqu'vn aduancer le picquet, ces vaillans à dèssein planent muets & coulent doucement, se retirans comme limaces sous la voulte de leurs coquilles, ne s'attachent iamais qu'à la partie la plus brute de l'homme, ne chatouillant que les gales de son ame afin de l'esloigner tant qu'ils pourront hors des voyes de la raison, pour y planter au lieu vne humeur faineante, mollasse & sans saueur. Boiuent souuent sans honte les affrons qu'ils reçoiuent de leur effronterie, mais sans desmordre leur dessein suiuent tousiours de mesme leur premiere brisee, disant qu'il n'y a qu'eux qui gouuernent la Cour, qui gouuernent le Roy. Entre leurs arti-

DV PRINCE. 83

fices plus deliez est le charme de la louäge, dont ils abusent estrangement ; nommans Monarque le Prince qui n'aura que trois poulces de terre, celuy du nom d'Hercule lequel sera sans courage, & du nom d'Adonis vn plus difforme que Thersyte, & par la force d'iceluy voit-on aucunesfois, comme se desfians de leur iuste valeur, s'yurer & s'endormir les cœurs plus genereux au recit de leurs vaillantises, souffrás mesmes auec plaisir d'auoir les aureilles gratees de choses controuuees en leur honneur, tant ils ont agreable la melodie de ces cautes Syrenes, & d'aualler si doucement le breuuage de ceste Circé qui les transforme insensiblement, & rend semblables à la fin

DE L'INSTITVTION

aux compagnons d'Vlyſſe. Mais le pire de tous eſt celuy qui ſe plaiſt à les aimer & à ſe flater ſoy-meſme, il n'y a plus alors d'eſpoir de gueriſon pour ceſte maladie ſi familiere, & comme naturelle à l'eſprit des plus grands, leſquels ayans mis vne fois ceſte foibleſſe en veuë de chacun, n'ont iamais faute de ces amis de plaſtre qui accourent à eux de toutes parts, & les rendent ſemblables à la fin à la chouëtte miſe ſur la tonelle au milieu d'vne plaine enuironnee d'oiſeaux de toute eſpece, leſquels deſſous la douce feincte de leur iargon gazoüillent, & ſe moquent de ſon aueuglement & de ſa turpitude. Voyla ce peu d'obſeruations qui s'eſt pour ceſte fois repreſenté à ma memoire touchant ceste sorte de faux visages, qui par le grand malheur des Princes & des Roys font leur retraicte coustumiere au milieu de leurs Courts, dans leurs Conseils, dans leurs Palais, dedans leurs chambres, dedans leurs cabinets, où en toute saison ils trouuent dequoy à faire proye de tout âge: estant ainsi tres-malaisé que leurs enfans y puissent receuoir telle instruction comme il la faut iusques à l'âge de iugement, ny possible plus outre, sans ressentir en quelque sorte l'infection de ces oiseaux de mauuais augure, contre laquelle il ne se trouue qu'vn seul moyen pour preuenir ceste contagion.

SOVVRÉ. Par ce que vous m'en auez dict, au pied ie reco-

gnois la beste : mais ie vous prie
descouurez moy cest antidote
pour preseruer nostre Dauphin
de ce poison si artificieusement
desguisé.

L'AVTHEVR. C'est cestuy-cy,
dont la proprieté fut iadis reue-
lee par l'oracle, compris en ces
trois mots,

Cognoy toy toy-mesme.

SOVVRÉ. Comment en faut-
il vser?

L'AVTHEVR. Quand il en-
tendra quelcun louer son nom,
admirer ses vertus, magnifier toutes ses actions, le nommant Prince iuste, clement, fidele, liberal,
courageux, courtois, doux & ga-
land entre les Dames; & l'hono-
rant de telles ou de pareilles qualitez vertueuses, qu'il entre en

soy-mesme pour y faire vne viue recerche de la verité, esprouuant ces paroles sur la pierre de touche du iugement interieur, qui ne peut s'abuser pour recognoistre si elles sont de bon ou de mauuais alloy : & considere à froid s'il ressent en son ame du repentir ou de la honte de n'estre rien moins que cela, la cognoissant au contraire souillee d'iniquité, de cruauté, d'infidelité, de sordide auarice, de bruslante cholere, pleine de peur, de lascheté, & tout à faict pourrie de passions honteuses & vilenies de la chair : & croye alors que ce sont des flateurs insignes qui se moquent de luy à ses despens, de ceux de son honneur & de sa conscience : mais si par son malheur il neglige de faire ceste recerche, & en mesprise la procedure, s'il prend plaisir à receuoir pour bons ces faux tiltres & qualitez menteuses, & si la honte diuulguee de son erreur ne le ramene point, ains luy sert d'vn aiguillon plustost que d'vne bride: face le fin tant qu'il voudra, le mal est sans remede, & son Estat en voye de ruine. Or ce sera de vostre soin, Monsieur, à preuenir en luy par vne bonne nourriture tous ces deffauts, & les malheurs qui les suyuroient de pres: ie veux esperer pourtant de la grace de Dieu, que ce ieune Prince durant sa vie produira & des fleurs & des fruicts par ses entieres & sainctes actions, qui ne desmentiront aucunement la nature de ce bon plant que vous aurez anté deſſus les ſauuageons des premieres annees de ſon âge.

SOVVRÉ. Ie le deſire & l'eſpere, & de le voir ainſi, quand il ſera comme vous l'auez dict, inſtruict en la pieté, aux bonnes mœurs & à la doctrine, y ayant adiouſté ce qui luy touche de ſçauoir pour ſe rendre capable de gouuerner dignement vn Royaume. Mais il eſt tard, & ce ſuiect de long diſcours, ie ſuis d'aduis de le remettre à demain, & que ce ſoit au portique de Neptune: voyla auſſi le Roy qui ſe retire par le iardin, & i'ay à parler à ſa Maieſté auant ſon diſner. Adieu, il me faut vn peu haſter le pas.

L'AVTHEVR. Bon-iour, Monſieur, ie ne faudray à m'y trouuer de bon matin.

DE L'INSTITVTION

CINQVIESME
MATINEE.

A Peine il estoit iour lors que ie m'esueillay, touché de crainte de faillir à Monsieur de Souuré, & m'estant leué soudain ie m'achemine vers le portique de Neptune où ie le trouue, ne faisant que d'y arriuer: puis apres quelques propos communs nous promenant, il parla en ceste sorte.

Sovvré. Quand ie viens à considerer en combien de façons nous sommes obligez à recognoistre les assistances de la bonté de Dieu, celle qui me touche plus viuement au cœur, comme la principale, c'eſt la miraculeuſe conſeruation de la perſonne du Roy, ayant depuis l'heure de ſa naiſſance iuſques à celle-cy, prins vn ſoin particulier de conſeruer ſa vie abboyee de toutes parts, contre laquelle on a tant conſpiré de fois, & depuis & deuant que luy auoir oſté du deſſus de ſon chef la Couronne d'eſpine pour y poſer vne Couronne d'or, lors qu'il ſe portoit iuſques au centre des perils pour l'aſſeurer à ſon predeceſſeur, a faict ceſſer les perſecutions ouuertes & cachees, dont le cours de ſa vie auoit eſté ſuiuy ſans intermiſſion ; comme fauteur du droict & protecteur des Roys, il a beny ſes trauaux & ſes armes en ayant

reconquis l'heritage de ses ance-
stres, & par icelles rendu la paix
vniuerselle à ses subiects, domp-
tant ses ennemis tant dedans
que dehors le corps de son Royaume, & à la fin pour le comble
de ses faueurs & benedictions, il
luy a donné vn fils, & vn tel fils si
à propos, qu'il semble auoir voulu combler en sa personne sa
vieillesse de ioye & de consolation, & arrester en luy pour iamais son repos & celuy de son
peuple. En somme, il ne se voit
en tout le cours de ceste vie, que
des miracles faicts pour le garder, & le conduire de sa main sur
ce throsne Royal, qui luy estoit
debatu, mais deu par les droicts
de nature & les loix de l'Estat. Or
maintenant, encores qu'il trauail-

le, comme lon voit, auec tant de soucis au restablissement de toutes choses, que la longueur & l'opiniastreté des discordes ciuiles auoyent reduictes en vne estrange confusion, il ne faut point douter qu'il ne pense souuent à la nourriture de son Dauphin, & ne desire comme pere, de le rendre (s'il est possible) accomply comme il est, & comme Roy d'emporter vn iour au ciel l'estroicte obligation de ses paures subiects, pour les auoir tirez à bord & sauuez du naufrage, auoir estably leur repos, & leur auoir en fin laissé, comme il fera, vn Roy de sa façon. Mais pour reuenir à nos discours des iours precedents, ie reprendray le fil de vostre proiect, que i'approuue fort : car vous l'auez prins par le bon bout, disant que la premiere sagesse en l'homme, c'est de cognoistre, aimer, & craindre Dieu, pour le seruir apres selon sa volonté, & qu'il faut de bonne heure viuement imprimer ceste doctrine en l'esprit de ce ieune Prince, comme la seule qui produit les vertus, regle nos mœurs & nos actions, & engendre la paix & la tranquilité en l'ame de chacun, & celle qui guide nos pas, & nous ouure la porte à la vie eternelle, qui apprend aux Roys à recognoistre les foiblesses humaines, & Dieu pour souuerain sur eux: que c'est luy qui de pure grace donne les sceptres & les retire quand il luy plaist, les affermit

entre

entre les mains de ceux qui aduouans ceste grace de luy, viuent en gens de bien, & gouuernent leurs peuples en douceur & iustice : & comme il les arrache du poing à ceux qui par ingratitude la mettant en oubly, abusent merueilleusement d'vne charge diuine: & disant qu'il pourra sous la clarté de ce fanal cueillir facilement les bonnes mœurs & vertus heroïques, & conduire ses actions en telle sorte, qu'il passera heureusement ses iours, aimé, estimé, & honoré de chacun: puis en ce que vous proposez qu'il doit sçauoir des lettres, sur la cognoissance que vous auez de la portee de son esprit, de l'ordre qu'il y faut tenir, & du temps qu'il est necessaire d'y employer:

M

encores, à mon aduis, que le plus grand sçauoir d'vn Roy & Prince souuerain, soit d'estre docte aux bonnes mœurs, aux affaires du monde, & sur tout à ceux de son Estat, ie le trouue toutesfois bon, sçachant combien les lettres fournissent de lumieres à nostre entendement s'il se rencontre ferme : & puis il faut qu'vn Roy sçache de tout, soit excellent par dessus tous, puis qu'il doit commander à tous : & en fin le voulant faire commencer à cognoistre les affaires à l'âge de douze ans, ie l'estime à propos, & crois qu'en cela vous auez prins ce qui en est de l'intention du Roy : car, si ie ne m'abuse, il voudra lors qu'il face sous luy son apprentissage, & à la verité il ne

DV PRINCE.   90

sçauroit trouuer vn meilleur maistre, l'estant deuenu à ses propres despens, & de quelle façon tout le monde le sçait, mais ie vous prie de renouer icy le fil de ceste instruction.

L'AVTHEVR. Monsieur, le suiect est maintenant tout autre, surpassant ma capacité & mon experience : toutesfois puis qu'il vous plaist de m'engager à ceste suite, i'en prendray le hasard sous vostre garantie. Or donc presupposant Monseigneur le Dauphin instruict à la vertu par vostre diligence, doué de qualitez requises à vn Prince de sa condition, pour deuenir en peu de temps capable de comprendre & de conduire les affaires de l'Estat, il me semble qu'il faut en premier

M ij

DE L'INSTITVTION

lieu luy apprendre à cognoistre en masse quelle est la composition & la situation de ce Royaume, & puis par le menu en toutes ses parties, & comme ce grand corps est composé de nombre de Prouinces, & ces Prouinces de plusieurs grandes villes & superbes citez, d'infinis bourgs, vilages & chasteaux : qu'il sçache quelles sont leurs forces & foiblesses, leurs formes d'establissement, quelles leurs loix & leurs coustumes, quelles sont leurs commoditez ou incommoditez; mais sur tout quelles en sont les humeurs des hommes qui habitent toutes ces places, premiere cognoissance du Prince nay ou appellé pour commander en souuerain, qu'il ne doit diuulguer,

DV PRINCE. 91

ains la garder du tout à foy & pour ses confidens, comme l'vn des plus grands secrets de l'Empire. C'est vne cognoissance que le Roy s'est tellement acquise par vn long temps, & tant d'experiences qu'il ne la peut mieux receuoir d'vn autre que de luy, qui le deliurera en ce faisant d'vne peine excessiue, & d'vn grand employ de temps, l'apprenant de sa propre bouche en moins de demie heure. Apres auec le temps, l'âge & l'vsage, il apprendra luy-mesmes à penetrer en general le naturel des hommes, & en particulier les inclinations que ses subiects tiendront de la nature, selon les regions où ils ont prins naissance, ou lieux de leur demeure, & selon la diuersité de

M iij

DE L'INSTITVTION

leur condition, education & maniere de vie en leur viure ordinaire : les Roys & Princes souuerains ne pouuans donner loy qu'auec incertitude sans ceste cognoissance aux nations qu'ils ont à commander, imitans lors les sages Escuyers qui recognoissent premierement la bouche du cheual, pour luy donner apres vne emboucheure propre à le conduire & manier selon leur volonté : Mais cependant que lon luy donne à cognoistre la nature du peuple, ses changemés, ses inegalitez & mouuemens diuers, par où ce Prince puisse iuger de l'instabilité des dominations, estant fondees sur la mobilité d'vn suiect si bizarre, & apprendre que toutes prennent fin, mais plustoft ou plus tard, selon les bons ou les mauuais moyens, les forts ou les foibles liens que chaque Prince employe pour establir & maintenir sa souueraineté: & que cest establissement & conseruation depend de la prudence, du bon entendement, & de l'experience du Prince souuerain, pour sçauoir retenir à l'ancre du deuoir l'inconstáce de ce vaisseau par les cables des bonnes loix diuines & humaines, & former son auctorité par la bonne opinion dont il rendra aimable sa personne, admirable par sa vertu, & redoutable par la reputation & la propre puissance de son Estat, non seulement à ses subiects, mais enuers les peuples voisins & nations lointaines : estant certain que sans l'auctorité il n'y a plus de domination.

SOVVRÉ. Que doit-il faire pour establir & maintenir ceste auctorité?

L'AVTHEVR. Qu'à sa premiere entree à la conduicte souueraine des affaires publiques il donne de si louables impressions de soy, qu'il en soit estimé digne de gouuerner non vn Royaume seulement, mais suffisant de regir vn Empire, conseruant en premier lieu par les voyes de la douceur l'ancienne & vraye Religion, & telle comme Dieu en a donné iadis la cognoissance à nos predecesseurs, les Roys en estans les conseruateurs & protecteurs, comme portans sur eux en terre le caractere de son image, & sans outrepasser les termes de la protection, qu'il en prenne le soin luy-mesme, comme du premier chef des reglemens de l'Estat politique, à ce qu'elle soit maintenue en son entier, estant celle qui tient en seureté la personne du Prince, celle qui est le salut de l'Estat, & seule, la cause seule de l'vnion des hommes: Et pour ce faire, qu'il nomme aux dignitez des personnages de saincte vie & sçauoir excellent, afin que ceux qui seront sous leur charge viuans de mesme qu'eux, puissent estre nourris continuellement de l'aliment de vie par leurs sainctes admonitions & discours salutaires. Qu'il plante apres de mesme main la main de la Iustice, la fille aisnee de la loy entre les loix hu-

DE L'INSTITVTION

maines, & celle qui fait regner les Roys, ſa ſerre eſt forte pour le maintien de ceſte auctorité ſur l'aſſeurance du repos que les peuples y trouuét par la diſpenſe egale qu'ils voyent qu'elle rend du droict deu à chacun, & ſans aucun eſgard de qualité, de grandeur, de richeſſe, & par icelle les plus grands retenus dans les bornes des loix, & les petits en ſeureté dans leur franchiſe, contre l'iniuſte oppreſſion d'vne iniuſte puiſſance: Et comme il eſt ordonné de Dieu ſouuerain Magiſtrat, qu'il ordonne ſous luy vn nombre ſuffiſant de perſonnes cognues par leur doctrine & bon ſens naturel, par leur experience & bonne conſcience, aimans & recerchans pluſtoſt la verité que la subtilité, pour leur donner à faire ceste distribution selon les loix & les coustumes des pays aux controuerses dont ils feront les iuges : qu'il ne les force point au preiudice de l'equité, ce seroit faire force à soy-mesme : reserue lieu à son pouuoir en cas de crime seulement, pour le donner à sa misericorde, selon la qualité, la personne & le temps, ne s'esloignant que le moins qu'il pourra des raisons de la loy. Ainsi rendant à Dieu ce qu'il luy doit, puis à son peuple la conseruation où sa charge l'oblige, il ne faut point douter que Dieu n'aye soin de la sienne, & qu'il n'attire à soy & n'arrache l'amour, l'affection & la bien-vueillance du cœur de ses subiects, l'vne des plus fermes at-

DE L'INSTITVTION

taches pour asseurer sa souueraine auctorité. Or nostre petit Prince trouuera en ce Royaume que la Religion & la Iustice y ont receu vn fort solide fondement & ordre merueilleux par l'ardent zele de pieté & charité de nos predecesseurs: ce grand nombre de monasteres que lon y voit en rendent tesmoignage, anciennement colleges par eux fondez, pour y nourrir & esleuer comme des pepinieres, des hommes destinez pour enseigner la doctrine Chrestienne: puis ces grands Parlemens, ausquels souuent les estrangers ont tant deferé, qu'ils ont desiré d'estre iugez par eux en leurs affaires plus douteuses; mesmes en causes contre nos Roys, les preferant aux iuges de leurs nations : apres tant d'autres lieux particuliers efpars dans l'eſtendue de l'Eſtat, auec pouuoir inferieur & ſubalterne pour rendre la iuſtice : & le Royaume reſplendiſſant de la clarté de ces deux luminaires, ne plus ne moins que ceux du ciel lors qu'ils eſclairent tout le monde. Mais il eſt aduenu en ces derniers temps par vne iuſte permiſſion de Dieu, voulant punir l'iniquité des hommes, que le feu des guerres ciuiles s'y eſt allumé à diuerſes fois, le deuorant par toutes ſes parties, & a duré ſi longuement que chacun y a veu l'impreſſion d'vn horrible deſordre. Nous auons à louer Dieu de ce que par ſa grace ſa Maieſté en a tranché le cours, y ayant trouué l'eau beau-

DE L'INSTITVTION

coup plus propre que le sang, & s'il luy plaist il paracheuera, en reduisant peu à peu par les mesmes remedes tant de difformitez à leur ancienne forme : si bien que tous ses peuples auront à l'en remercier, se voyans à leur aise par son moyen manger le pain en paix auecques leurs familles, & pleins de bien-vueillance, obligez à benir & le pere & le fils qu'elle leur laissera pour les regir & conseruer, & à luy la iouyssance de la douceur des fruicts de ses longues & laborieuses peines. C'est vn grand depost qu'il receura du Roy, & si paisible, qu'il n'aura lors qu'à le contregarder, & faire en sorte que sans empeschement ne trouble aucun, il en demeure maistre

& possesseur tout le temps de sa vie, & le puisse remettre apres en pareil estat à la posterité que Dieu luy donnera. Et par ainsi recognoissant qu'il n'y a rien à quoy l'homme s'oblige plus naturellement qu'à aimer ceux qui l'aiment, & desquels il reçoit ou attend de l'honneur & du bien, il retiendra l'affection des peuples, leur faisant ressentir egalement les effects de la sienne par vn doux traictement, mais toutesfois sans preiudicier à son auctorité, tellement balancé de douceur & d'austerité, selon le temps & les occasions, qu'il en puisse estre aimé & craint tout à la fois, ou du moins non hay, tenant pour veritable que leur nature est telle, qu'elle ne peut souf-

DE L'INSTITVTION

frir la pleine liberté, ny supporter l'extreme seruitude: la fera paroistre d'ailleurs, faisant si bien qu'aucune chose des necessaires à la vie, ou pour autre besoin, ne leur defaille point, l'estendant mesmes iusques à celles des honnestes plaisirs : & me semble que les Roys leurs ayeulx, excellens politiques, y ont eu quelque esgard, ayant institué par les meilleures villes des exercices, des jeux de prix & passetemps publiques, pour arrester & destourner leurs mauuaises pensees, en occupant honnestement tant de troupes oisiues aux iours que le repos leur est enioint en leurs vacations, iugeant qu'il est necessaire pour emmieller le ioug, de faire iouër les peuples, les amusans

amusans comme petits enfans auec des poupees. Les bien-faicts ont vn grand pouuoir pour retenir les hommes, leur naturel n'estant buté, pour la pluspart, que sur l'vtilité : qu'il les oblige aussi par ces liens, bien souuent plus estroicts que la force des armes, mais que ce soit selon les qualitez, les conditions & degrez du merite, afin que ceste recompense rendue à la vertu, serue d'exemple aux autres qui trauaillent pour l'acquerir & pour la meriter par des voyes louables : qu'il ne les donne point à tout chacun les yeux bouchez, & de prodigue main, ains par mesure : l'Estat renuerseroit plustost pied contre-mont que de penser en pouuoir assouuir la faim insatiable

DE L'INSTITVTION

d'vn nombre de particuliers: que ses bien-faicts se prennent de l'espargne qu'il fera de ses reuenus, & non du bien d'autruy, il feroit plus de mal-contens qu'il n'en contenteroit : ne recompense egalement les bons & les mauuais, il n'y a rien de plus pernicieux en la conduite d'vn Estat, estant trop raisonnable que ceux qui sont si differens en mœurs, le soyent pareillement en recompenses & en honneurs: Il n'y a point de peine à retenir & conseruer les bons, mais il est impossible de bien garder ou gagner les meschans, d'autant que la vertu s'oblige de peu, & rien ne peut appriuoiser le vice: & par ainsi ne les desparte au preiudice des gens de bien, ce seroit faire effort à leur fidelité, & leur donner enuie de la changer selon l'occasion, ou par vn desespoir de se precipiter à faire mal sous vn tel pretexte, croyans qu'en ce faisant, & y continuant, il voudroit encores leur arracher l'esperance : que le despartement qui s'en fera soit faict en telle sorte, que ceux qui receuront ses liberalitez croyent que ce sont effects de ses bonnes graces, & non indices de deffiance ou de crainte qu'il aye d'eux : car les meschans au lieu de s'obliger en deuiendroient plus orgueilleux & plus superbes, ou dissimuleroient, & iamais satifaicts se tiendroient en deuoir pour la commodité, non par affection : & comme Prince prudent & aduisé, pense tousiours par quels

moyens il pourra faire naiſtre &
conſeruer des bons deſirs aux
cœurs de ſes ſubiects pour s'en
pouuoir ſeruir apres facilemét &
fidelement en toutes ſes affaires:
rende donc le peuple côtent, face
du bien à ceux qui le meriteront,
aux Grands ſur tout, leur donnant
des honneurs, & des moyens
pour les aider à maintenir auec
ſplendeur leurs rangs & dignitez.
C'eſt d'où s'eſleuent les maiſtres
vents qui meuuent les tempeſtes
ſur le calme de ceſte mer, par
leurs ſouffles contraires qui portent
& perdent aucunesfois le
Prince & ſon Eſtat ſur les bancs
de la haine & du meſpris. Or
des cauſes les plus puiſſantes de
la haine des peuples qui les piquotent
iour & nuict pour les

porter à la vengeance contre leurs souuerains, c'est la cruauté, quand ils les voyent comme loups acharnez prendre plaisir par trop souuent à respandre le sang, & possible innocent, sans distinction d'âge, de qualité, de merite, de crime par des assassinats, par des supplices nouueaux & peines recerchees : puis l'extreme auarice germaine de la cruauté, qui fait hayr mortellement le Prince, s'il aduient que la faim & desir de l'argent ait si fort enueloppé son ame, qu'il n'aye pour tout dessein en sa pensee que d'attirer sans cesse & sans necessité, & sans suiect, celuy de ses subiects, c'est à dire, succer impitoyablement l'ame & le sang du peuple, auquel oster ainsi l'argent & arracher la vie, est vne mesme chose : c'est d'où prennent leur origine les perfidies & trahisons, les hommes se persuadans qu'il n'est que d'en auoir à l'exemple du Prince. Mais ainsi que la haine donne l'enuie de se venger, & s'accroist peu à peu, retenue à couuert par la seule crainte, le mespris plus puissant donne la hardiesse de l'entreprendre & de l'executer licentieusement, & tout à coup, sans y apprehender ne du danger ne de l'empeschement, & lors que les subiects recognoissent le Prince se porter enuers eux trop mollement & par faineantise, mettre du tout entre les mains d'vn seruiteur particulier les nerfs de son auctorité, ne demeurant souuerain que de nom: ou pour ne tenir conte de chastier les crimes punissables commis contre l'Estat ou les particuliers, non pas mesmes les desseins faicts contre sa personne : ou s'ils le voyent d'esprit pesant, de peu d'entendement, d'humeur muable & de legere foy, changeant à tout moment & à tout vent, & qu'il se sente importuné de donner audience, non seulement aux affaires communes, ains s'en passer legerement à celles d'importance, n'ayant soucy pour tout que du present, & de couler tout doucement sa vie : & si par vn malheur ou par sa propre faute, ce Prince tombe en mauvaise fortune, il leur vient à mespris, les hommes ordinairement ne courant qu'à la

N iiij

DE L'INSTITVTION
bonne: s'il manque aussi d'enfans, les fermes bouleuers de la domination : s'il a mauuaise grace en son parler & en sa contenance, & ses actions vulgaires: s'il est fort vieil, vsé, cassé & maladif, ou pour autres pareilles causes, mesprisent sa personne, & desbauchent leurs volontez pour les sousmettre à la puissance d'vn autre souuerain : mais ses mœurs deprauees par les voluptez, forment le comble de ce mespris, lors mesmes qu'elles y fondent si auant qu'il en oublie Dieu, sa conscience, & toutes ses affaires. Ie veux croire toutesfois que nostre petit Prince s'eschappera facilement de ce naufrage, estant du tout porté de sa nature à la mansuetude, & produisant desia

des tesmoignages euidens d'vn bon & fort entendement, si bien que vous n'aurez qu'à le conduire doucement sur ceste inclination, entretenant en luy ce que vous y trouuerez de bonté naturelle, qui se pourroit par nonchalance diminuer ou perdre, luy apprenant à cest effect qu'il n'y a rien tant esloigné du naturel de l'homme & du deuoir d'vn Roy, que d'aimer le carnage, que c'est le propre des lyons, des tygres & des ours, & des bestes plus cruelles : qu'il y consente rarement & le plus tard qu'il pourra, lors seulement que pour l'exemple il en sera besoin, ou y sera forcé par l'vrgente necessité du salut de la Republique. Quand il fera punir quelcun, que ce soit sans cholere, sans desir de vengeance ny autre passion qui luy puisse donner du repentir, considerant que ses subiects ce sont ses propres membres : qu'il ne s'en esiouysse & ne s'en moque point, la moindre contenance egaleroit les plus sauuages brutalitez : que les punitions se facent selon les qualitez des crimes & façons ordinaires des pays, & qu'elles soyent egales contre ceux qui seront iugez egalement coulpables; si ce n'est que pour en faire autrement, il y eust quelque notable circonstance de l'âge, ou que dans le forfaict il se trouuast quelcun enuelopé qui fust de noble sang, ou de maison illustre, car il faut lors ou pardonner ou moderer, ou diuersifier la peine :

qu'il n'ordonne des peines & formes de supplices, & iamais ne les voye executer, ce seroyent des indices de passion s'il ne donnoit la grace à l'heure mesme, deuë au criminel à la face du Prince : quand il faudra faire sentir du mal & chastier quelcun, laissera ceste charge à ses officiers, mais retiendra pour luy tout seul celle des graces, des recompenses & des bien-faicts : qu'il ne laisse accrocher son ame à la racine de l'auarice, & veillez y soigneusement, de son attouchement elle ternit le lustre des plus belles vertus & nobles actions, celles des Princes mesmement auant qu'elles soyent nees : entre les maux dont elle est si fertile, c'est celle qui produit ces dangereu-

DE L'INSTITVTION

ses plantes d'exactions & de nouuelles inuentions, lesquelles à la longue sechans les pauures peuples dessus le pied, les portent à la haine, & de la haine au desespoir, du desespoir à la rebellion. Il est vray toutesfois que le repos des nations & des Estats ne pouuant subsister sans l'aide des finances, le commun instrument des affaires des hommes, c'est du deuoir des peuples à les contribuer, & à souffrir que la recolte s'en face dessus eux, par le commandement & sous l'adueu du Prince souuerain, qui doit aussi les imposer & faire recueillir à la mesure de leurs commoditez, sans violence & sans desguisement, l'vn seroit marque de cruauté & l'autre d'auarice : qu'il touse le troupeau sans l'escorcher, s'il veut que la toison reuienne : que ses tributs soyent moderez, assis egalement, & demandez à vne seule fois, non imposez sur vn fonds deshonneste : se tienne aux anciens, euite les nouueaux & de nom & d'effect autant comme il pourra, & que la seule necessité des affaires publiques luy en face la loy : si elle est si grande qu'elle le force pour le salut commun d'auoir recours aux nouueautez & moyens extraordinaires, ayant faict recognoistre, non par pretextes desguisez, ains par causes notoires le peril de l'Estat, c'est aux peuples alors à les donner à double main, au Prince à les contraindre quád ils refuseront, sans en venir, s'il est possible, à ceste

DE L'INSTITVTION

extremité de saisir le troupeau, ne le bœuf, ne la vache, ne d'enleuer le couuert des maisons, ne se prendre aux personnes pour leur faire espouser l'effroy d'vne triste prison, ou faire souffrir quelque peine: il choisira des gens de bien pour les leuer & recueillir, & pour les mettre apres en son Espargne sous la clef de personnes fideles, & que ce soit vn reseruoir pour subuenir aux soudaines esmeutes, & aux affaires de l'Estat: les despense à propos, & les mesnage mieux que si c'estoit son bien particulier, se rendant liberal tant seulement du sien, mais chiche de celuy de la Republique: ainsi faisant il bastira vn autre thresor dans le cœur de ses subiects, qui ne tarira point, & se verra par ces moyens extremement puissant, pour autant que le Prince qui a leur cœur, est asseuré d'en auoir la bourse à sa discretion. Or si la haine peut esbranler l'auctorité d'vn Prince souuerain, & le mespris a la force de le destruire entierement, il doit bander continuellement les nerfs de son entendement, à ce qu'il ne parte de luy aucune chose qui puisse donner prise à cest indubitable bouleuerseur d'Estats : & par ainsi qu'il se rende seuere & doux en sa façon de commander, penchant à la seuerité, lors mesmes que les peuples raduisez, ou ramenez à leur deuoir, se ressentent encore de la licence prinse durant le cours de leurs desbordemens, faisant estat que pour ne viure en crainte, il leur en faut donner ou plus ou moins, en quel temps que ce soit: donnant ou ramenant la bride selon les circonstances & les diuerses occasions, sans toutesfois l'abandonner iamais pour la fier du tout, ou à vn seul ou à plusieurs: qu'il regne seul, & seul, auecques leurs aduis, resolue ses affaires, tenant en main la balance & l'espee pour rendre la iustice & se faire obeyr, & recognoistre seul & le maistre & le Roy. Donne les charges d'importance aupres de sa personne aux plus fideles, aux plus capables & anciens seruiteurs, & celles de l'Estat aux Grands qui les meriteront, ne les attachant point comme heritages à la personne, mais à la vertu seule:

seule : qu'il n'en rende venale aucune que ce soit, il ne seroit iamais en seureté, ses ennemis pouuans sur ceste planche d'or trouuer entree dans les entrailles de son Estat, voire iusques au fonds des lieux les plus priuez où il fait sa demeure : preste l'oreille fauorable aux remonstrances de ses subiects en general ou en particulier, comme pour ses propres affaires, l'ayant tousiours tendue pour celles de l'Estat : soit ferme en ses commandemens, & ne change legerement les loix & les coustumes ; estant des loix de mesme que des arbres, lesquels pour estre changez & rechangez de lieu par trop souuent n'en rendent pas leur rapport meilleur : tout changement est dan-

DE L'INSTITVTION

gereux, & ne le doit-on essayer qu'en choses qui seront recogneues notoirement mauuaises: auant que de changer iuge bien meurement iusques aux plus petites circonstances des raisons des anciennes loix, les conferant aux siennes: que si elles balancent, en demeure à l'antiquité: ou si le mal est supportable, & ne dit mot, de peur d'vn plus grand, qu'il le laisse en repos & ne l'esmeuue point, si ce n'est qu'vn euident & tref-grand aduantage, ou vne extreme necessité de la chose publique le forcent à ce faire: & encore alors imitant la nature au change des saisons, que ce soit doucement de temps en temps, & non à coup, courant aux deux extremitez: donne à cognoistre à ses subiects par son gouuernement, qu'il les aime & l'Estat pour l'amour d'eux, & n'a chere sa vie que pour leur conseruation: soit clair-voyant & pouruoyant à toutes ses affaires craignant d'estre surprins & mesprisé, & que la perte & ce mespris ne luy fissent courir fortune en sa personne ou son Estat, ou tous les deux ensemble, elle en seroit beaucoup plus griefue aduenant par sa faute. Et pour autant que les enfans ce sont les bastions Royaux & les fermes courtines de la Royale & souueraine auctorité, il sera necessaire, à mon aduis, de marier ce Prince dans son adolescence, sous l'esperance que Dieu luy donnera vne heureuse lignee, & se diuertira d'infinies

DE L'INSTITVTION

desbauches par trop communes à cest âge : il nous fera, s'il luy plaist, ceste grace d'en voir sa Maiesté en la peine. Forme son port, sa contenance & son accueil de douceur & de grauité, l'vn estant propre pour regner, & l'autre pour gaigner & cóseruer les hommes, faisant si bien que sa seule rencontre le rende venerable, & amiable à chacun. Quand il voudra la desbander & prendre du relasche en son particulier, que ce soit entre peu de ses plus familiers, & toutesfois en sorte qu'il se souuienne qu'il est Roy ; & par ainsi doit mettre peine à ne dire, à ne faire aucune chose indigne d'vne si grande dignité. Soit ferme en ses resolutions sans varier legerement, & tousiours veritable: maintienne ce qu'il promettra, comme estant promis en parole de Roy, & tel, que lon adiouste plus de foy à sa simple parole qu'aux sermens plus estroits & solennels des autres, & la conserue inuiolablement en ses propres & priuees affaires, car le cœur & la bouche de la foy d'vn Prince souuerain doiuent tenir ensemble. Mais par malheur la nature des hommes se trouuant ennemie & si contraire à la vertu, qu'il n'est presque possible de l'ensuyure du tout aux affaires publiques ; les Princes sont aucunesfois contraicts d'en relascher, ayant cogneu par longue experience qu'il est expedient pour la garde & conduite de leurs Estats de biaiser par fois : le nostre le

DE L'INSTITVTION

peut faire, mais pourtant que ce soit toufiours pour vne bonne fin, qui est à tenir sa personne asseuree, à maintenir & conseruer l'Estat contre les ruses & les dissimulations de ses ennemis : que si les artifices & les menees de telles gens luy donnent du subiect de leur rompre la foy, contreface l'aueugle, & marchande long temps auparauant que de le faire, pour se deffendre seulement, & non pour assaillir ne consentir iamais à l'execution d'vne meschanceté enorme & execrable. Ne laisse toutesfois si auant accroistre le mal pour fuir vne guerre, laquelle il iugera ne pouuoir euiter auec le temps, ne mesme reculer sans vn grand desaduantage ; en ce cas là s'il rompt la paix, la cause & la necessité en iustifient la rupture, ayant de droict & de nature à preferer la foy qu'il doit à la protection & defense de ses subiects, puis la guerre est iuste laquelle est necessaire. Mais tout ainsi que la chose du monde qui raualle plus bas l'auctorité d'vn Roy & Prince souuerain, c'est sa mauuaise & vicieuse vie, il n'y a rien aussi qui l'esleue plus haut qu'vne vie contraire : que nostre petit Prince donné du ciel pour commander à tant de milliers d'hommes commence par soy-mesme, sçachant que c'est du deuoir d'vn Roy, non de se rendre esclaue des delices & des plaisirs, ains d'asseruir sous la puissance de la raison ses foles, vaines & desbor-

DE L'INSTITVTION

dees paſsions, & ſous le ioug des iuſtes loix maintenir ſes ſubiects en ſon obeiſſance : & qu'il ne croye pas que le parfaict contentement, le repos & l'honneur logent dedans l'oyſiueté & les ordures des voluptez, leſquelles à la verité de premier abbord nous appaſtent d'vne fauce douceur, mais qui nous ſaoule tout auſſi toſt de telle ſorte, qu'elle nous fait en fin ouurir de toutes parts de repentance & de douleur, qui nous pourſuyuent inſeparablement iuſques dedans la ſepulture, les queſte ſeulement dans les buiſſons penibles de la vertu: C'eſt là, & non ailleurs, que les plaiſirs ſolides ſont à la repoſee, qu'il ne ſe flate & ne s'excuſe point à prendre ceſte peine, la chasse le merite bien. Et certes i'estimerois les hommes malheureux, si ayans inuenté tant de diuers moyens à dompter la fiereté des plus sauuages animaux pour s'en seruir apres, ils s'oublioyent eux-mesmes en se monstrans retifs, & moins industrieux à maistriser les amorces du vice pour donner lieu à l'excellence & à l'vsage de la vertu. En vsant de ceste façon, quelque defaut qui se trouue en son corps, il acquerra la reputation d'vn Prince tres-prudent, l'amitié de son peuple, & vne telle auctorité, que son nom seul sera si redoutable à tous ses ennemis descouuerts & couuerts, que le plus grand & le plus coniuré d'entre eux n'osera pas seulement entre-

DE L'INSTITVTION

prendre de penser à luy nuire & l'offenser ouuertement, ne l'essayer par trahisons ou coniurations & secrettes menees faictes sur son Estat ou sur sa vie. Mais ce n'est pas assez d'auoir preueu & donné l'ordre en temps de paix au dedans de l'Estat, pour l'asseurance du repos de son peuple & le maintien de son auctorité: car il faut que le Prince, obligé de veiller pour la garde de ses subiects pendant qu'ils se reposent, comme esleué sur vne haute tour, face la ronde de ses yeux sur les Estats des Princes estrangers, & sur tout des voisins, pour en auoir la cognoissance de mesme que du sien, & en apprendre la nature des nations, l'humeur des Princes dominans, & de ceux qui feront leurs affaires, afin de s'asseurer contre les entreprinses & les dangers du dehors. Qu'il tienne à ceste occasion aupres des Roys & autres Princes esloignez ou voisins, & pres de chacun selon sa qualité, des fideles Agents & bons Ambassadeurs qui facent sourdement & curieusement ceste recerche, pour en estre par eux instruict suyuant les occurrences qui s'offriront durant le temps de leur legation, & puis à leur retour pour luy en faire le rapport si particulier, qu'il y puisse fonder vn iugement certain sur les expediens qu'il deura suyure pour durer auec eux par leur moyen en bonne intelligence, ou pour se preparer, ou se defendre contre leurs machina-

DE L'INSTITVTION

tions. Et pource que ces charges sont des plus importantes, & de plus grand poids qu'aucunes de l'Estat, entretiendra pres d'eux des ieunes hommes d'honneste lieu, Gentils-hommes & autres recognus propres, qui se puissent instruire pour y seruir à l'aduenir, & deuenir capables de succeder à ceux qui les precederont. Et pour autant qu'il n'y a point de plus vtile ne meilleure machine pour asseurer la domination d'vn Prince souuerain, comme est le nombre de bons amis, qu'il se maintienne en bonne paix auec les Roys & Princes ses egaux, s'il y en a, s'efforçant de les vaincre en courtoisie conuenable à sa dignité : retienne l'amitié de ses inferieurs par sa protection & gratifications, mais que ce soit en sorte qu'il semble que c'est eux qui luy sont asseruis, & non luy leur tributaire. Or s'il aduient que les peuples lassez de la douceur d'vne profonde paix, mescognoissans la bonté de leur Prince, & mesprisans ses equitables loix, faictes pour leur seruir d'vne regle à bien faire, & non de piege dressé à dessein de les y attraper, comme bestes eschappees se precipitent aux conspirations, aux trahisons, aux factions, seditions & aux reuoltes generales, & que la reuerence des loix diuines, le respect des humaines & la sacree Maiesté de leur Roy ne les retienne plus : ou si les Princes estrangers abusans de sa courtoisie, faueur & liberalité, ne lais-

DE L'INSTITVTION

sent d'entreprendre ou contre luy ou contre ses subiects, il faut venir aux armes pour chastier & renger les premiers, & faire ressentir les autres de leur discourtoisie & desloyale ingratitude: cecy depend de la prudence militaire, la partie de toutes la plus Royale en la conduite d'vn Estat, laquelle nostre petit Prince doit sçauoir pour estre egalement instruict aux moyens de la guerre comme en ceux de la paix. C'est vne science qu'il apprendra parfaictement de sa Maiesté, qui l'a acquise au peril de sa vie exposee cent mille fois, desireux de sçauoir le mestier de soldat & de bon Capitaine, premier que d'estre Roy.

SOVVRÉ. Il est vray: & bien

que tout le monde recognoiſſe ſa Maieſté pour accomplie en qualitez & en perfections autant que l'on peut ſouhaiter pour vn ſouuerain Roy, ſi faut-il aduoüer qu'elle ſurpaſſe particulierement en celles de la guerre tout ce qui eſt viuant, ainſi que le ſoleil de ſa clarté fait les autres lumieres. Or pource qu'il eſt pres de Midy, briſons ſur ceſte verité, le demeurant ſoit pour demain matin en ce meſme lieu, & à pareille heure; ie me promets encore de vous ceſte matinee, croyant qu'elle pourra ſuffire à ce qui reſte pour ceſte inſtruction.

L'AVTHEVR. Monſieur, ie le crois auſſi, vous me trouuerez icy pour ſatisfaire au mieux que ie pourray en ce que vous deſirerez de mon ſeruice.

DE L'INSTITVTION

SIXIESME
MATINEE.

AVssi tost qu'il fut iour ayant passé la nuict sans reposer, pour vn desir extreme que i'auois d'ouyr paracheuer ceste instruction, ie me leue & me rends soudain au portique de Neptune, où peu apres arriua Monsieur de Souuré : Bon iour, me dit-il, vous m'auez auiourd'huy preuenu, puis nous promenant ainsi que le iour precedent, il parla en ceste façon:

SOVVRÉ. Si les peuples auoient le iugement de recognoistre leur deuoir, & le bonheur

quand

quand Dieu leur donne des sages Princes pour les conduire & les garder, & si les Roys & autres Souuerains auoyent la patience de se tenir dedans les bornes legitimes de leur auctorité, il est certain que plus communément on verroit les Royaumes & les Estats durer plus longuement, & plus paisibles, vnis par le mastic d'vn equitable commandement, d'vne iuste submission & deuë obeissance : mais les vns & les autres se ressentans en leur conduite de ceste contrarieté, dont la masse du monde vniuersel est composee, il ne se faut point esbahir si lon voit arriuer souuentesfois le trouble dans la tranquilité des plus fermes Empires par le defaut ou de l'vn ou de l'autre.

P

DE L'INSTITVTION

C'est aux Roys toutesfois à commencer & à donner l'exemple de bien faire, ayans auec ceste prerogatiue d'auoir esté choisis par la grace de Dieu pour commander dessus toute la terre, à porter d'vne main le flambeau de droicture pour esclairer les hommes, comme ils portent de l'autre le glaiue de Iustice pour chastier leur desobeissance, ne pouuans souhaiter vne plus grande recompense des peines qu'ils reçoiuent pendant le temps de leur domination, que de se voir volontiers obeis, laquelle ne leur peut faillir quand ils regneront bien: d'autant que les bons Roys font les subiects de mesme.

L'AVTHEVR. Il est ainsi, & crois que nostre ieune Prince

quand il suyura les bons & vertueux enseignemens qu'il aura sceus de vous pour apprendre à bien viure, & obseruera soigneusement ce qui en fut dict hier matin, qu'il doit ensuyure pour commander royalement, & maintenir ses peuples en ferme repos, regnera si fauorablement que ses subiects vn iour se glorifieront en leurs liens, rendans graces à Dieu de leur auoir donné la vie pour l'vser sous la sienne. Qu'il considere neantmoins au milieu de la paix, que les choses du monde estans toutes subiectes à changement, elle se peut troubler, comme il peut aduenir quand le peuple enyuré de trop d'aise, ou accablé sous le trop de mal, en se licenciant de

DE L'INSTITVTION

gazouiller à tout propos mal à propos des actions du Prince, de sa personne & des affaires de l'Estat, se laisse peu à peu glisser à la sedition ouuerte, puis emporter des paroles aux mains, mais auec plus de desbord & de danger, quand les maisons illustres & les Grands du Royaume se trouuans diuisez en factions, par haine ou par ambition, recueillent ses folies, & puis font espouser leurs passions à ceste sotte beste sous le faux de quelques couleurs qui luy sont agreables: les brasiers des guerres ciuiles prennent leur origine de ces petites estincelles que le Prince prudent doit estouffer .en graine punissant les autheurs, & desnouant industrieusement ce qu'il ne pourra rompre sans le dommage ou peril de l'Estat : car quand leurs flammes ont prins de toutes parts, il n'y a plus de moyen que par la guerre ouuerte, qui se fait à peu pres en la mesme façon que la guerre estrangere. Et par ainsi comme vn Prince aduisé qui veut regner en paix, en temps de paix au lieu de s'amollir ou s'endormir, qu'il se prepare pour la guerre, d'autant que la concorde des Estats ne s'establit & s'entretient pas seulement par la force des loix, mais se preserue & se conserue par la force des armes, la valeur & la bonne espee du Prince souuerain, qui doit en ceste partie de la conduite de son Estat, faire paroistre sa prudence pardessus l'ordinaire, estant bien plus aisé de gui-

DE L'INSTITVTION

der le nauire en la pleine bonace, que non pas lors que les vents ennemis soufflans contrairement, font esleuer iusques dedans les nues les vagues agitees sur l'inconstance de ce fier element. Qu'il face donc peu à peu pour son premier preparatif, vn fond suffisant de deniers amassez legitimemét, comme vn gros de reserue, pour secourir par tout selon les occasions, & regle ses autres despenses sur l'ordinaire & le courant de tous ses reuenus : munisse apres ses Arsenaux de toutes sortes d'instrumens & de machines propres à la guerre, & de materiaux pour en faire à loisir. Puis qu'il iette le soin sur la ceincture de son Estat pour y fortifier à bon escient, ou faire de nouueau des places fortes dessus les aduenues, pour empescher l'inuasion soudaine, & arrester ou rompre les desseins d'vne force ennemie. Si les places sont à la mer, il garnira les haures & les ports de certain nombre de nauires & de galeres, & en chacune dressera des Arsenaux remplis de tout ce qu'il estimera y pouuoir estre necessaire, non seulement pour entretenir leur equipage, mais suffisans pour equipper en vn besoin & mettre au vent vne puissante armee. Qu'il establisse en outre dans chacune d'icelles des Arsenaux particuliers & magazins fournis pour vn long temps de choses necessaires pour faire viure les soldats, & pour defendre les places, ausquels on ne touchera

DE L'INSTITVTION

point qu'en la necessité, ou pour renouueler en leur saison les choses perissables. Ce sont les portes de l'Estat qu'il faut tenir fermees, pour faire que le Prince & ses subiects dorment de bon repos sous l'asseurance de leur ferme closture: pouruoye apres à leur seureté par vn tel traitement faict à leurs habitans, qu'ils ne puissent iamais auoir enuie de changer de condition, & par la force de telle garnison qui suffise à la garde, entretenant pour ceste occasion des Regimens de gens de pied sous de bons Capitaines & vieux Maistres de camp, pour leur donner à commander en chef, ou sous ses Lieutenans en chacune d'icelles, auec tel nombre de soldats qui sera necessaire, selon qu'elles seront ou d'importance ou de grande estendue, ou selon le suiect qu'en donnera la ferme ou foible affection des citoyens enuers leur Souuerain, sans se mesler que de leur faict, & de prester main-forte aux Magistrats qui la demanderont pour le maintien de la iustice & seruice du Prince : pour tenir en deuoir ces gens icy, que les appointemens & la solde leur soit entierement payee, ils n'auront point en ce faisant d'excuse de quiter ne de subiect de se plaindre ; enioignant à leurs chefs, sous des seueres peines, d'auoir leur nombre tousiours complet, à celle fin que de leur part il ne s'en perde aucune, sur peine de la vie, & qu'il puisse par ce mesme moyen faire

DE L'INSTITVTION

vn estat certain des hommes qu'il entretiendra, pour s'en seruir selon les occurrences. Mais tout ainsi que celuy qui veut faire vn plant d'arbres fruictiers est curieux à recercher ceux des meilleures races, le Prince le doit estre à faire ellection des hommes dont il voudra fournir ces corps de Regimens de gens de pied & de gens de cheual : Et bien que lon puisse faire fleche de tout bois, si se peut-il en general marquer certaines circonstances qu'il doit sçauoir pour recognoistre ceux qui seront ou pourroyent estre propres pour employer du tout à ceste noble profession: que nostre Prince les apprenne, car c'est icy le fondement des forces de l'Estat. Et pour autant que l'exercice assiduel nous apprend la science auec l'vsage de la guerre, que le soldat y vienne de bonne heure, & choisi de tel âge, qu'il n'ait encore l'ame tachee des teinctures du vice, mais capable d'y receuoir & retenir l'emprainte ou du bien ou du mal: de corps robuste, nerueux, adroict & vigoureux, pour estre propre à supporter l'incroyable fatigue des peines de la guerre, & aduenant aux exercices militaires : de moyenne stature, qui ne voudroit auoir egard à la grandeur ou à la petitesse, pour les accommoder à la sorte des armes dont on les veut armer. Et pource que ne considerer en ce soldat que la masse du corps, ce seroit le faire ressentir aucunement de la nature de la beste, il faut qu'il soit accompagné d'vn esprit aduisé, courageux, asseuré & cupide de gloire, & que la pouldre des combats & la fumee de celle des canons luy soyent plus agreables que les parfums & les molles odeurs de la pouldre de Cypre: qu'il ioigne à son courage les bonnes mœurs, l'honnesteté & la discretion, & faisant gloire d'obeir, n'imitant ces bauards, ces Rhodomons qui maschent entre deux treteaux les Othomans & leur Empire: porte sa vie gayement aux perils de la mort contre les ennemis, en craignant plus la honte d'vn reproche de deshonneur, que les apprehensions d'vne mort honorable. Il trouuera communément ces ieunes gens à faire parmy ceux qui habitent les champs, les pays montagneux, rudes & difficiles, tenans de la nature du terroir, comme nais & nourris pour endurer & durer à la peine, & endurcis à supporter aisément la faim, la soif & le veiller, les excez des saisons & autres incómoditez où la necessité peut reduire les hommes : dedans les villes il en pourra trouuer de mesme que ceux-cy, & des gens sans reproche, accoustumez à manier & le fer & le feu, & la pierre & le bois, & à faire mestier de la force du corps, non employee pour la delicatesse & la mollesse de la vie. Apres auoir ainsi choisi ces ieunes apprentifs, il les mettra parmy les vieux dedans les Regimens, où c'est qu'ils s'inſtruiront & vieilliront pour inſtruire les autres ſous vne meſme diſcipline, ſans laquelle tout ce choix ſeroit nul, ayans beſoin d'eſtre polis & façonnez par l'induſtrie qui en fait plus & vn plus grand nombre que ne fait la nature. Que ces ſoldats s'exercent donc continuellement, pour apprendre à s'aider ſeurement & manier facilement les armes dont ils voudront vſer: qu'ils apprennent à recognoiſtre les batteries des tambours & la voix de leurs Capitaines, n'ayans pour but que d'y bien obeir, car le courage autrement leur ſeroit inutile, & s'accouſtument à marcher diſpoſtement, d'vn pas egal, braue & guerrier, ſi dextrement ſelon l'ordre donné, qu'ils retiennent toufiours leur place en quelque forte de pays que ce foit, fans troubler l'ordre ne le rang auquel ils marcheront, preuoyant tout ce qui peut aduenir, comme s'ils eftoyent prefts de receuoir, ou d'attaquer & de fondre dedans les ennemis : prennent plaifir à fe dreffer à tirer de l'efpee, & s'apprendre à nager, à trauailler, aller, venir, courir, fauter, luicter, porter, ietter pefant, & entreprendre quelque chofe penible, pour acquerir, s'ils ne l'ont point, la difpofition & la force du corps, ou l'empefcher de fe rouiller dedans l'oyfiueté : & feront plus s'ils ont le cœur viuement au meftier, ils apprendront celuy de pionnier pour en vfer eux-mef-

DE L'INSTITVTION

mes auec plus d'artifice venans à se trouuer en lieu où il en fust besoin, pour se mettre à couuert & en defense contre les coups & les surprinses des ennemis : que ces messieurs n'en facent pas les delicats : car c'est auec le picq & la paelle que les exploicts plus remarquables de la guerre se sont faicts & se font ordinairement. Qu'ils soyent discrets, respectueux, fuyant la vanité de faict & de parole, rien ne se voit tant esloigné de la vraye valeur: il doit suffire à l'homme valeureux de porter en reserue au fonds de sa poictrine vn courage muet pour le faire esclater à la rencontre des occasions par effects honnorables. Que ceste modestie s'estende aussi iusques à leurs vestemens,

DV PRINCE.

mens, c'est assez d'estre propres, & bien plus curieux d'auoir le corps couuert de bonnes armes, que de le voir empesché dessous le superflu de l'or & de l'argent, & de toute autre sorte d'estoffe precieuse, s'entretiendront par des louables occupations pour vn diuertissement aux pensees oisiues qui leur pourroyent faire faillir & destremper la force & la verdeur du corps & du courage dans les gouffres du vin & de la gourmandise, ou dans les dissolutions des autres voluptez, & de telle façon qu'en peu de temps ils se verroyent du tout inutiles aux functions militaires. Qu'ils s'y exercent donc souuent se façonnans à tenir l'ordre, à le changer & rechanger en diuerses

DE L'INSTITVTION

façons & formes de combat, faicts par petites troupes les vns contre les autres, de telle sorte qu'en toutes occurrences ils le puissent suyure d'eux-mesmes, auec telle facilité & promptitude qu'elle preuienne la parole du chef: cest exercice est du tout necessaire, comme estant chose recognue que le desordre perd ou relasche, ou abbat le courage, & que l'ordre le donne, le retient, ou l'esleue. De ces soldats ainsi dressez dedans les garnisons, & puis passez par la coupelle des armees, fera ses Capitaines, lesquels ioignans à la science l'experience acquise par les degrez des armes, les retiendront en ceste discipline, recompensans auec honneur les actions vertueuses,

& puniſſans auec honte & rigueur les plus petites fautes: ayans apprins à conſeruer par la ſeuerité l'auctorité qu'ils ont de commander, & remarqué que peu à peu elle ſe fond par le trop de douceur enuers l'homme de guerre, qui a touſiours vne ſecrette volonté de l'attirer à ſoy, & recogneu pour veritable que la force ne ſe maintient que par elle meſme. De ces bons Capitaines il fera ſes Maiſtres de camp, les clefs des meutes des armees, auec pouuoir de commander ſur eux & ſur les Regimens qui leur ſeront donnez, en la meſme façon que chacun d'eux fait ſur ſa Compagnie. Ayant ainſi pourueu aux gens de pied, en face autant auec le meſme ſoin pour les gens de

Q ij

DE L'INSTITVTION
cheual, entretenant vn corps de cefte braue & ancienne gendarmerie, l'vne des clefs des portes de l'Eftat, laquelle de tout temps s'eft faicte fignaler & redouter pardeffus celles de la terre, les faifant viure & les vns & les autres en telle difcipline fous les loix militaires, que ce foyent des efcholes d'honneur & de vertu, ouuertes à tous ceux qui tant foit peu auront l'ame touchee du vouloir de l'apprendre: particulierement pour la ieune Nobleffe, laquelle au lieu de fe dreffer à faire vn bon cheual, ou à donner vn ferme coup de pique, perd auiourd'huy pour la plufpart le meilleur de fon âge, pour ne fçauoir où elle puiffe ailleurs honneftement exercer fon courage,

& deuenir habile à bien seruir vn iour son Prince & sa patrie : & là dessus ie vous diray que de tous les exercices des gens de pied & des gens de cheual, necessaires au Prince de sçauoir pour conseruer sa vie en vn besoin, & bons à façonner sa grace & rendre addroicte sa personne, il faut que le nostre les apprenne tous, & principalement qu'il s'addonne à la venerie, d'autant que ie la tiens pour estre vn abbregé des exercices militaires. Apres auoir ainsi disposé ses affaires par le menu pour asseurer la frontiere de son Estat, qu'il face eslection des plus grands personnages, & s'il se peut tirez de ces escholes, pour en faire ses Gouuerneurs, Lieutenans generaux en chacune prouince,

DE L'INSTITVTION

auec auctorité d'y commander sur tout ce qui sera de la force & des armes, pour auoir l'œil à ce que l'establissement par luy donné soit tellement entretenu qu'il n'en puisse arriuer aucune faute; & maintenir le repos & la paix en leurs gouuernemens, les garder & defendre contre les factions des mauuais citoyens, les menees & les efforts des estrangers & peuples ennemis, & au besoin pour estendre la main à la iustice, afin de la couurir & soustenir contre la violence. Reuienne apres de la frontiere au dedans de l'Estat pour y planter l'asseurance & la paix, & à ces fins qu'il fuyue les moyens dont nous auons parlé : face garder exactement ses ordonnances & ses loix:

aye l'esprit incessamment tendu à l'vnion & concorde de ses subiects : c'est aux tyrans à redouter leur bonne intelligence, mais aux Roys à la desirer, à la poursuyure & à la maintenir : soit amateur de paix, les hommes aiment les Princes pacifiques, & tousiours aye de son costé le peuple pour amy, s'il ne veut faire estat de craindre toutes choses : c'est la forest où se coupe le bois pour façonner des piques par les ambitieux ennemis du repos de la chose publique : qu'il se comporte auec les Grands de telle sorte, qu'ils ne puissent auoir pretexte ne suiect de se porter au desespoir, qui les face eschapper hors des limites du respect, du deuoir & de l'obeissance. S'il recognoist

DE L'INSTITVTION

que la haine, l'enuie, ou que l'ambition les tienne diuisez, qu'il assoupisse de bonne heure ceste diuision, qui se pourroit glisser auec le temps & s'attacher dans les affections du meilleur de ses peuples, & tout le mal en retomber sur luy: ne se monstre point partial, ce seroit raualler l'auctorité de Roy, se faire compagnon & se mettre à l'egal auecques ses subiects, ains soit indifferent comme estant souuerain: cherisse sa Noblesse, de laquelle il est chef immediatement, luy donnant du bien, des honneurs & des charges: entretienne ceux qui sont en possession de mesnager les consciences & conduire les ames: iamais n'esleue & ne permette de s'esleuer en son Estat aucun pouuoir si grand qui luy puisse donner ombrage ou ialousie, & se gouuerne enuers tous ses subiects auec telle prudence, que les vns ne les autres n'ayent pour tout aucune occasion d'en abuser, ny suiect de se plaindre. Ne se confie toutesfois si fort en sa bonne conduite, & son ordre donné pour dominer en paix, qu'il ne veille à toute heure pour recognoistre à la naissance les causes qui pourroient alterer ce repos, & si elles procedent seulement du dedans de l'Estat, ou se fomentent du dehors, afin d'en arracher soudain les premieres racines par toutes sortes d'inuentions & de remedes propres, qui se trouuent hors de saison lors que les effects sont descouuerts & recognus de tout le monde, & tellement accreus, qu'il faut par force recourir à la force, c'est à dire, se disposer à s'opposer à main armee pour arrester le cours des desolations & des embrasemens d'vne guerre ciuile, ou empescher les maux & les calamitez d'vne guerre estrangere: celle-cy est à craindre & l'autre à redouter, & faut, s'il est possible, euiter l'vne & l'autre: mais s'il iuge que ce malheur se rende ineuitable, afin de n'entreprendre rien de mal à propos ou temerairement, qu'il s'en conseille à Dieu, puis appelle en secret ses plus feaux & anciens Conseillers pour prendre leur aduis sur la contrainte qui le pousse à la guerre, & s'ils approuuent sa resolu-

DV PRINCE.

tion, sur les moyens qu'il doit tenir pour commencer, & de ceux qu'il luy faut pour soustenir la longueur de la guerre : puis apres seul dedans son cabinet, & le genouil en terre, leue les yeux au ciel, ait recours à Dieu, qu'il l'appelle à garand & protecteur de la iustice de ses armes, & le supplie de vouloir inspirer en son entendement des conseils salutaires pour le maintien de son bon droict & de son innocence, & de faire pleuuoir & verser à ruisseaux ses maledictions sur le chef des coulpables de tant de sacrileges, de parricides, d'assassinats, de meurtres & massacres qui se commettront, de tant de voleries, de bruslemens, saccagemens, de violences & de viole-

DE L'INSTITVTION

mens qui se feront sans respecter l'âge, le sexe ne la condition, de tant de trahisons, de perfidies & de fleuues de sang humain qui flotteront de toutes parts sortans à gros bouillons d'vn million de gorges innocentes, & coulpables de tant d'autres miseres, engeance de la guerre, s'il y en a, ou s'il s'en peut imaginer de plus abominables. Puis au partir de là, qu'il compose son armee: au premier bruit il verra naistre espais des soldats de toutes parts comme des fourmillieres, tant les François sont de nature prompte & encline à la guerre: de ceux icy il fera ses recreuës, pour en enfler les corps de ses vieux Regimens, & au besoin en fera des nouueaux. Mais pour autant qu'vn Roy & Prince legitime doit mesnager le sang de ses subiects de mesme que le sien, qu'il tire du secours des nations estranges & moins ambitieuses, qui luy seront amies & sans pretention aucune dessus luy, ou qui auront interest en sa cause, & toutefois de sorte que le gros soit tousiours des siens : pouruoye de pareille façon pour les gens de cheual, afin du tout ensemble en composer vne armee suffisante de battre ce qu'elle trouuera, d'attaquer & de prendre ce qui resistera. Prenne dans son Espargne pour satisfaire à l'entretenement, & dans son Arsenal pour la fortifier, vn attirail & equippage suffisant de bonne artillerie, & puis apporte vn si grand soin &

DE L'INSTITVTION
donne si bon ordre pour les viures qu'ils ne puissent manquer, car il ne faut qu'vn iour sans pain pour faire mutiner ou perir vne armee: & à la fin pour la conduite de ce corps qu'il luy trouue vne bonne teste, c'est à dire, vn bon Lieutenant general, homme de grande auctorité & qualité, de naissance, ou acquise, qui soit sage, vaillant & sçauant au mestier, non en papier seulement ou par vn ouyr dire, mais par sa propre experience apprinse en diuers lieux dans les conseils de paix & de guerre, dans les feux des combats, aux embraseures & bouches des canons, & aux perilleux hasards des places assiegees: homme d'ame esleuee, ferme, sans peur, & tousiours vn, auant,

apres, & au fort des affaires: grand Politique, d'vn esprit inuentif, sage temporiseur selon l'occasion, prompt à la prendre, prompt & hardy aux executions bien meurement deliberees: qui soit consideré, preuoyant, pouruoyant, qui ne mesprise & qui ne craigne rien, & toutesfois n'entreprenant aucune chose à l'estourdie, ou de furie, le repentir suit de pres le malheur, & le malheur la precipitation, & puis aux fautes de la guerre, il ne se trouue que malaisé, ou peu ou point de remede : qui cognoisse les mœurs & la nature de ses ennemis, l'esprit, l'humeur & la portee de celuy qui les mene : qui loge dans son ame la debonnaireté, l'humanité & la fidelité, ce

DE L'INSTITVTION

sont vertus inseparables de celuy qui veut gagner le rang entre les excellens & plus grands Capitaines: qui soit seuere iusticier, reseruant toutesfois à son industrie les moyens qu'il aura par où il puisse se faire aimer & craindte des gens de guerre, les outils de sa gloire : qui se rende accessible, gracieux à chacun auec moderation, selon les lieux, la qualité, le rang & le merite des personnes, ce sont fortes tenailles pour attirer les cœurs & les affections, & plus fortes encores, s'il se rencontre liberal; ayant ceste partie il fera des miracles, mais en danger de perdre son honneur, & l'armee s'il en est du contraire : qui soit de bonnes mœurs & bien viuant, craignant que la desbau-
che

che & les voluptez ne luy facent perdre le temps & les occasions de pouruoir aux affaires de si grande importance qu'il porte sur les bras : qui viue sobrement, car la sobrieté le rendra vigilant & d'esprit preparé pour tout à toutes heures : aye le don de bien parler, pour sçauoir persuader selon les occurrences : soit de bon âge & de corps vigoureux, laborieux, plein de braue courage, le premier à la peine lors qu'il sera besoin, autant comme l'auctorité de sa charge le permettra, pour en donner aux siens l'enuie de faire comme luy : sur tout qu'il soit homme de bien, tenu pour estre tel d'vne commune renommee, & pardessus ces excellentes qualitez que le bonheur accompagne tousiours ses conseils & ses entreprinses, ce qui se cognoistra par les heureux succez qui seront aduenus aux charges precedentes, où luy-mesme aura faict reluire sa vertu & sa bonne fortune: c'est vn don fort particulier de la grace de Dieu, & necessaire au General d'armee: car il se trouue des personnages tres-accomplis persecutez sans cesse du malheur, & d'autres si heureux, que la cheute mesme du ciel en vn besoin leur seroit fauorable. Or si nostre Prince est luy-mesme si heureux de rencontrer vn personnage aimant sa personne & l'Estat, orné en tout, ou à peu pres, de ces grandes parties, il peut hardiment luy confier son armee auec pouuoir, lors mesme qu'il sera en pays ennemy, ou pays esloigné, de la conduire où bon luy semblera, & de l'employer en tous exploicts de guerre, iusques à faire des sieges & liurer des batailles, se tenant asseuré qu'en la conduite il vsera de bon & solide conseil, & que iamais il ne sera si volage de piloter ses esperances dessus les fautes que ses ennemis pourroyent faire : qu'il sçaura prendre le temps & le lieu, & tous les aduantages, & donner l'ordre du combat si sagement qu'il n'arriuera rien qui le puisse engager, ou gaster ses affaires, & que iamais il ne s'exposera que le moins qu'il pourra, & lors tant seulement que pour peu de hasard il y sera porté dessus les apparences toutes visibles d'vn tres-

R ij

DE L'INSTITVTION

grand aduantage & victoire asseuree, ou qu'vne extreme necessité l'eust reduict à ce faire : luy peut laisser la liberté de s'en resoudre seul par l'aduis de ses Capitaines, les tesmoins oculaires de sa capacité & de ses desportemens, iuges de ses raisons, de ses conseils & de ses entreprinses, sans le contraindre à recourir au sien, d'autant que par allees & venues le plus souuent, lors mesmement qu'il est besoin d'vser de diligence, le temps se perd, l'occasion s'escoule, les desseins se descouurent, & tout tourne à neant : ne s'en reserue que le pouuoir de faire la trefue & la paix : ce sont droicts de regale, & se contente d'en receuoir des aduis à toute heure, & de n'auoir pour ce suiect autre soucy que d'en fauoriser l'employ & les effects, & faire en sorte qu'il ne defaille aucune chose pour la tenir entiere & en estat de demeurer tousiours victorieuse. Que si ce Prince deuenu grand souhaite quelque iour par vn desir de gloire ou pour autre suiect, de conduire vne armee, que ce ne soit point au moins à toute occasion, il n'est pas raisonnable qu'vn Roy ou autre Souuerain, expose sa personne & prodigue sa vie, la vie de l'Estat, en la prostituant à tout moment aux dangers apparens & douteuses issues de la guerre : mais que ce soit tant seulement lors qu'il sera question du salut de l'Empire, car en ce cas il la faut abandonner, comme lon a veu faire à sa Maiesté en la derniere & longue tragedie qui s'est iouee aux yeux de tout le monde sur le theatre de la France, où par necessité elle a representé toute sorte de personnages pour la sauuer, ce qu'elle a faict moyennant la puissance & la grace de Dieu. Et si par la mesme faueur, sous sa conduite, ou celle de son Lieutenant, contraint à donner la bataille, il gagne la iournee, comme auant le combat, au milieu & à la fin, il aura rendu preuue de sa vertu & proüesse heroïque, encourageant les siens de parole & d'exemple, face voir sa prudence en bien vsant de la victoire : & à ces fins poursuyue sagement ses ennemis qui fuyent, de peur que trop pressez ils ne reuiennent au combat, ne sçachant où fuir, & que reduicts à ceste extremité, la cholere, la honte, le despit & le desespoir, ne leur ramene le courage, & tant de hardiesse, que de vaincus ils en deuiennent vainqueurs : rallie les espars, marche serré, retienne ses soldats, & les empesche de courir & s'amuser au pillage, iusques à ce qu'il ne paroisse aucun des ennemis sur le champ de bataille, ne mesmes à sa veuë. Puis sur la mesme place rende graces à Dieu, pour luy auoir preserué sa personne, fauorisé ses armes, & donné la victoire : qu'il la conserue apres soigneusement comme vne chose chere & cherement acquise, y veillant tellement, que par trop de paresse ou de presomption sa

DE L'INSTITVTION

reputation ne puisse estre marquee d'aucune flestrissure, donnant le feu à sa chaleur aneantie, ou retenant l'impetuosité qui suit le plus souuent les succez fauorables d'vn chef victorieux & genereux courage: en vse auec douceur, & plein d'humanité face gloire de pardonner aux ennemis qui luy tendent les mains: puis se comporte auec tant de sagesse & de modestie, que le bonheur ne le rende iamais desdaigneux, arrogant, orgueilleux, insolent, insupportable à tout le monde, ains qu'il se represente l'incertitude des affaires du monde, les mouuemens soudains & reuers de fortune, & que plus on la voit haut esleuee au dessus de la rouë, plus elle est proche de trebucher d'vne plus lourde cheute : qu'il en arreste le retour par le coing aceré des clouds de sa prudeuce. Mais s'il aduient que par quelque malheur ou disgrace du ciel, il perde la bataille, qu'il ne s'effroye point d'effect ne d'apparence, ralliant, combattant, & faisant tous ses efforts pour amoindrir sa perte, donne le loisir aux siens de faire leur retraicte : si c'est vn Lieutenant, & qu'il iuge la route & le desordre demeurer sans remede, alors que l'espee au poing il plonge dãs les gros qui le suyuront de pres, leur vendant cherement le gain de sa prison, ou qu'il meure auec honneur au front de ses canons, faisant sa sepulture dedans la pouldre paistrie au sang des ennemis:

si c'est vn Souuerain, apres auoir rendu autant de tesmoignages qui se peuuent donner & desirer d'vn Prince valeureux, cedant pour l'heure à la fortune, qu'il face sa retraicte & mette sa personne en lieu de seureté, où il recueillira les planches du naufrage, & tout soudain preuenant les faux bruits des ennemis, despeschera deuers ses Gouuerneurs & autres officiers de ses meilleures villes, vers ses amis, ses alliez & ses confederez, pour leur donner aduis du desastre aduenu, faisant moindre la perte, & comme Dieu l'a preserué miraculeusement, & reserué a son opinion à meilleure fortune pour des occasions encores incogneues, qu'ils luy en rendent graces particulieres & publiques, & tout plein de braue courage qu'il rasseure le leur, leur donnant asseurance de pouuoir reparer en peu de temps la breche que le malheur, & non pas la valeur des ennemis, a faicte à ses affaires. Pour allentir le cours & le progrez de ce victorieux, qu'il luy mette au deuant ses places bien munies, oppose sa constance ainsi qu'vn mur d'airain contre les touches de l'infortune, pour grandes qu'elles soyent; les supporte patiemment & courageusement : l'aduersité c'est la pierre de touche des ames genereuses, & la preuue certaine de ces ames de terre qui desesperent tout, & iugent de la perte de l'Estat general par vne simple attainte : qu'il espere tousiours, essaye tout & mette en œuure toute piece pour regagner l'aduantage perdu, & à l'extremité, ne pouuant faire mieux, d'vn courage inuaincu menace de la queuë, comme fait le serpent auquel le voyageur ou le chasseur aura brisé la teste : car tous les hommes sont egaux aux choses qui dependent des bonnes graces de la fortune, & sa seance n'a point d'arrest, elle est ambulatoire. Les succez de la guerre sont incertains, & sa chance muable, la moindre occasion possible les pourra releuer de sa cheute, son ennemy parauéture, enyuré de sa gloire, s'endormira, son armee se laschera & se desbandera lassee de la peine, ou il s'engagera pour vn long temps au siege d'vne place, & cependant il aura le loisir de renoüer & les moyens de faire noueaux desseins & des nouelles forces, les remettre sur pied, & suffisantes d'en pouuoir restablir ses dernieres ruines, & derechef se presenter en armes & bataille rangee deuant cest ennemy, en luy donnant à choisir ou la paix ou la guerre. Or par ceste offre de deffy regagnant le dessus, s'il se parle de la paix qu'il y preste l'oreille, comme vtile au vainqueur & au vaincu vtile & necessaire : que chacun d'eux adiourne sa conscience à part, & le coulpable mesmement, pour luy representer les horribles effects de leurs diuisions : si l'vn a eu quelque mauuaise intention qui l'ait poussé à vouloir remuer, & l'autre du suiect de recourir aux armes pour sa iuste defense, & celuy-cy se voyant le plus fort, poursuyue la vengeance, qu'ils sacrifient leurs passions au repos du public, terminent leurs querelles, & se disposent à vne paix qui finisse la guerre; facent la trefue pour la negocier, y employant des hommes pacifiques. Que le vaincu sans se flater recognoisse en soymesme sa foiblesse, & toutesfois en la dissimulant, ne se relasche & ne se monstre point tant rauallé de cœur ne de courage, que pour l'auoir il consente de faire, ou de promettre aucune chose deshonneste : souffre le Souuerain dix mille morts plustost que de souiller son nom & son honneur, en s'obligeant à des conditions du tout insupportables aux Princes de sa qualité : mais faisant ioug sous les loix immuables de la necessité, qu'il quite vne partie de ses pretensions par le consentement d'vne perte moyenne, pour euiter la honte & le hasard d'vne plus grande ou derniere ruine : que le vainqueur aussi ne s'enfle pas si fort des vents de sa prosperité, qu'il en coure fortune, ains se laisse conduire à ceux de la raison, qui luy fera considerer les variables tours & la vicissitude des affaires humaines, & louer Dieu de l'auoir preferé, luy donnant le dessus contre son ennemy : qu'il soit donc traictable en ce traicté de paix, accordant au vaincu facilement ce qu'il peut esperer sans

DE L'INSTITVTION

l'engager à des choses impossibles, il y auroit regret, & le ressentiment luy feroit espier l'occasion & le temps de la rompre: c'est assez de le mettre en tel estat qu'il ne puisse plus nuire, sous des conditions que le vaincu iugera luy-mesme supportables. Et d'autant que la paix est le but de la guerre, & que les sages Princes en supportent les peines sous l'espoir du repos, ce qui se promettra que ce soit sans feintise, à celle fin que ceste paix qui se contractera, soit ferme & asseuree, & de longue duree: autrement, à quoy bon tout cela d'auoir esté ou vainqueur ou vaincu? Bref, qu'il face par tout à l'exemple du Roy reluire sa debonnaireté, n'estimant pas moins que sa Maiesté la gloire

gloire acquise par la douceur & la clemence, qu'en esleuant iusques au ciel des superbes trophees par la voye des armes. Ce sont en somme les rudimens, comme vn proiect en general du mestier de la guerre, que lon luy peut apprendre à cest âge : ie ne parleray point pour ceste fois de l'ordre & façons des batailles, qu'il faut donner selon les differences de la nature & assiete des lieux, selon l'ordre & le nombre des forces ennemies ; quand & comment il faut mesler ou non les gens de pied & les gens de cheual, & selon le meslinge des diuerses nations qui sont aux deux armees ; de la façon d'entreprendre les sieges, comme il les faut conduire; des finesses, des

DE L'INSTITVTION

ruses dont on se peut seruir, ne de plusieurs autres enseignemens & considerations qui sont du corps de ceste cognoissance : En voyla maintenant assez pour vn commencement, ce sera pour vne autre fois, & cependant les liures, les discours, & puis vn iour l'experience, luy apprendront ce qui s'en peut sçauoir. Or il ne suffit pas au Souuerain d'auoir pourueu à former son Estat par l'establissement des loix & de la force, il luy faut vn Conseil, par les resnes duquel il manie l'Empire: de qui le Prince est l'ame, & le Conseil en est l'entendement. Et comme il ne se voit aucun de qualité priuee & moyenne fortune, qui ait assez de suffisance, ou puisse auoir le soin, & du loisir pour la conduire seul sans l'aide de quelcun, tant il se trouue d'imperfection & peu d'arrest au iugement humain, iournalier, variant, flotant douteusement en ses opinions, voire le plus souuent sur vn mesme suiect par defaut de nature, ou de sçauoir, ou de certaine experience : Il ne se faut point estonner si les plus grands en ont plus de besoin pour maintenir la leur, les Roys sur tout & seigneurs souuerains, qui recognoissent bien & se sentent eux-mesmes tenir de la nature commune à tous les hommes, & ne differer d'eux que de condition : & côme celle-cy à mesure qu'elle leur donne d'vne main plus de pouuoir & plus d'auctorité, de l'autre elle les charge de plus de

S ij

DE L'INSTITVTION

soin, & les oblige à des subiections & peines infinies, pour aduiser à la conduite & conseruation de tant d'ames qui viuent & qui leur obeissent dessous ceste asseurance, & par ainsi à recercher auec beaucoup de curiosité, de prudence & de iugement, des personnes capables, non pour regner auecques eux, ains pour les soulager, faciliter & les aider à soustenir la domination par leurs iustes aduis, en les seruant d'affection, de conseil & de main. Ce n'est pas vne des plus petites difficultez qui se rencontrent aux affaires des Princes: car que le Souuerain ouure tant qu'il voudra en ceste eslection les yeux de sa prudence, ce n'est rien faict s'il n'y a du bonheur, don gratuit du ciel, & non ouurage de l'industrie humaine : qu'il le demande à Dieu quand il en sera là, puis y employe son iugement sans passion aucune, que pour choisir des hommes à tenir pres de soy pour le bien de l'Estat, non à dessein de s'en seruir à espauler ses actions vicieuses, fauoriser ses fascheuses humeurs, & à rendre ministres executans à tort & trauers toutes ses fantasies, c'est à faire à tyrans & non à des Roys & iustes Souuerains. Or d'autant que nostre petit Prince aura parauenture besoin vn iour de faire ceste ellite, apprenez luy cecy, & que tout homme qui doit estre appellé pour le conseil d'vn Roy, doit estre homme de bien, aimant &

DE L'INSTITVTION

craignant Dieu, perfonne fans reproche, iufte, aduifé, fidele, clairvoyant, & d'vn fçauoir vniuerfel aux affaires du monde, & en particulier à celles de l'Eftat, où il fait fa demeure; homme de fens raffis, d'vn efprit moderé, temperé, homme toufiours egal, de ferme entendement, arrefté, refolu, qui ne fuccombe legerement aux defaftres publi[cs], & s'il fe peut, pour le plus affeurer, aye tafté & du bien & du mal, en efprouuant l'vne & l'autre fortune : qu'il doit eftre equitable & rond en fes aduis, ne les defguifant point flateufement pour les accómoder contre le droict aux paffions du Souuerain ou à celle d'autruy, ou à la fienne, ains qu'il les doit donner librement & ver-

tueufement, auec la reuerence &
le refpect qui fe doiuent porter
en la prefence du Prince, lequel
poffible à l'heure fe piquera de
cefte liberté; mais peu apres en
eftimera plus, & louera luy-mef-
me le confeil & le Confeiller:
qu'il doit pareillement eftre
confideré & conftant en iceux;
non eftourdy, opiniaftre & vain,
voulant faire valoir fes aduis pour
arrefts, ains toufiours preparé de
les foufmettre aux loix de la rai-
fon: d'vne humeur repofee, ref-
pectueux, gracieux & modefte,
maniant les affaires de fi douce
façon, que ce faifant elle porte
par tout le tefmoignage de fon
obeiffance : fe contenter & de
l'honneur & de la part qu'il reçoit des affaires, fans fe mefler

DE L'INSTITVTION

trop curieusement à penetrer le fonds de ses intentions, qui ne doit estre sceu que du seul Souuerain : ne s'ingerer iamais par ostentation & vanité de parler à luy, ne sans estre appellé, si ce n'estoit qu'vne affaire pressee dependant de sa charge, ou autrement, le forçast à ce faire : & doit sur tout estre secret, c'est le plus seur & le plus grand secret, pour bien seruir, que puisse auoir le Conseiller d'vn Prince : & ne donner son ame à posseder au desir excessif d'amasser des richesses, car ceste auare passion abbaisseroit la planche à la corruption, & celle-cy sans doute infecteroit apres sa preudhommie & sa fidelité. Que s'il se peut trouuer vn homme auec ces qualitez, ou plus ou moins, doit eſtre de tel âge, qu'il aye paſſé tous les feux de ieuneſſe : que ſi le corps en eſt vn peu moins vigoureux, l'eſprit ſe trouuera plus renforcé d'experience, de ſageſſe & de iugement. Il eſt à preſumer qu'à ceſt âge là ſa teſte ſera meure, & ſes aduis auſſi, & tels qu'on ne pourra dire de luy, *Qu'il apprend en gaſtant*, ne penſer que par outrecuidance, orgueil ou vanité, il les vueille fier à ſa ſeule prudence, meſpriſant ceux d'autruy : ne les donner cruds, & mal digerez, pleins de fougue, de feu & de precipitation, mere mortelle du bon conſeil, des louables deſſeins & iuſtes entreprinſes, ne tout auſſi toſt qu'il les aura conceus, en preſſer l'execution auec impatience. Que noſtre Prince donc procede en telle ſorte à ceſte eſlection, que ſi pour les auoir choiſis, cognus par luy, ou de commune renommee, ils ne venoient à reüſſir tels comme il les a prins, ſon iugement n'en ſoit point accuſé, mais le reproche faict à ceſte deſloyale & maraſtre fortune qu'il n'aura meritee. Or ces hommes icy ſe trouueront dans les Cours ſouueraines, où c'eſt qu'ils ſont nourris entre les bras des loix, pour cognoiſtre des mœurs & des affaires de leurs compatriotes, & tellement accouſtumez à rendre la iuſtice, que ceſte action ſemble auoir prins en eux vne habitude naturelle : plus recerchez pour ce conſeil, meſmes pour y tenir des premiers rangs, s'ils ont acquis la cognoiſſance des nations & des Eſtats des Princes eſtrangers par l'entremiſe des affaires publiques ſouuentefois traictees auec eux, ou pour auoir en qualité d'Ambaſſadeurs reſidé pres de leur perſonne. Le College des Cheualiers en peut fournir, & bons, comme lon dit, au poil & à la plume: ce ſont tous perſonnages qui ont acquis par leur vertu & merité au peril de la vie pluſieurs fois haſardee, ce collier honorable, duquel les Roys ont ſignalé leur gloire. Les Secretaires aſſidus aupres des Souuerains, feront des plus capables, l'aſſiduelle ſuiection qu'ils rendent à leurs charges, fait qu'ils ſçauent les temps & les momens des volon-

DE L'INSTITVTION

tez du Maistre, la naissance, la suite & le fonds des affaires, & sont comme les clefs des mysteres des Princes. Parmy l'ordre puissant & inuincible corps de la Noblesse, il s'en peut rencontrer encores quelques vns & des plus suffisans, & entre ceux qui ont vsé la meilleure partie de leur âge aux honorables professions, ou employee aupres de ceux qui de leur temps ont manié les plus grandes affaires. La grandeur de l'Estat, la multitude & la nature des affaires doiuent regler le Prince, pour ordonner du nombre qu'il luy faut de ces hommes choisis: le corps de ce Conseil ainsi basty des meilleures parties prinses de ses subiects, fera reluire & estimer par tout son iugement

& bon entendement, donnera poids à son auctorité, & tresgrande reputation à son Empire. Mais ce n'est pas assez d'auoir vn Conseil qui ne s'en veut aider, ou s'en seruir que de mine, inutile du tout au Souuerain qui ne croit que sa teste : qu'il se dispose donc à l'escouter & à le suyure en toutes ses affaires, qui ne se peuuent meurement consulter que sur le tapis verd : se conseille à propos, & prenne garde que pour y estre ou trop long, ou trop prompt, l'occasion perdue ne perde aussi ses affaires : escoute les conseils & les raisons paisiblement, auec attention & ferme iugement, sans s'attacher opiniastrement aux siennes : n'vse de brigue ne de force pour les faire

DE L'INSTITVTION

approuuer: trouue bon que chacun y parle franchement, il se verroit souuent froidement conseillé s'il faisoit le contraire, & d'vn esprit indifferent remarque les aduis, les reçoiue egalement bons ou mauuais, faisant paroistre qu'il les prend de chacun, comme donnez en bonne conscience: & puis apres d'autant que le sècret est l'ame des affaires, sur le poids des raisons plustost que sur le nombre, prenne en priué luy-mesme auec deux ou trois sa resolution, pour estre plus secrette, & aussi tost preste la main à l'execution. Que si elle ne reçoit pas tousiours vne fin esperee, il y aura moins de regret que s'il l'auoit seulement prinse auec sa fantasie: que iamais il ne iuge par les euenemens ne d'eux, ne des aduis, & ne les leur reproche point, mais en confiderant qu'il ne fe trouue rien qui foit plus efpineux que de cõfeiller vn Roy ou autre Souuerain, les tienne pour arrefts de la Fortune, qui prefide feante deffus le throfne des affaires humaines : qu'il affifte fouuent en ce confeil, car fa prefence les arreftera tous dans le poinct du deuoir, fon œil & fon oreille tiendront le contreroolle de leurs deportemens, du biais & de la cheute de leurs opinions, & fon bon iugement donnera fonde iufques au fonds de leurs conceptions, fans toutesfois fous quelque preiugé adioufter foy par trop legerement, ne refufer obftinément à croire ce qu'il ver-

DE L'INSTITVTION

ra, ou qu'on luy dira d'eux, ne de tout autre que ce soit. Et non content de les ouyr opiner en Conseil, les interroge souuent chacun à part sur ses affaires, ou sur des autres qu'il imaginera : c'est vn moyen pour s'instruire sans peine, & en sçauoir en peu de temps luy seul autant ou plus que tous ensemble, & faire qu'vn chacun d'eux approchant pres de luy ait tousiours l'esprit en garde pour respondre à propos, & satisfaire sur le champ à ses intentions : ne fauorise ceux qui voudroient vsurper auctorité dessus leurs compagnons, il y auroit à craindre que ce support ne iettast à l'escart aucunement leur ancienne integrité pour la mesler aux passions particulieres, d'où
naissent

naissent les cabales tant dommageables au seruice des Princes : pour ce regard qu'il les tienne à l'egal, l'egalité est mere de l'accord, & l'accord pere de l'harmonie : mais hors de là chacun face sa charge, conspirans tous à vne mesme fin, c'est au bien de l'Estat & du Souuerain, lequel ainsi comme le grand ressort doit faire aller d'vn mesme temps les diuers mouuemens de la machine de l'Empire, où si les vns presument tant de les vouloir conduire tous, & entreprennent sur les charges des autres, c'est tirer au baston, tout y demeure court, où le desordre & la confusion se pesle-mesle aux affaires du Prince. Pense pour eux lors qu'ils n'y pensent point, s'il les veut obli-

T

ger à ne penser qu'à luy & leur donne du bien sans le demander, les seruices demandent, donner ainsi c'est obliger, & donner doublement, ou ne se face tirer par trop l'oreille quand ils demanderont,

D'vn bienfaict marchandé le merite se perd.

Apres auoir ainsi disposé toutes choses pour affermir la base de son auctorité, par l'asseurance & l'honneur de l'Estat, pouruoye à sa personne, sa maison & sa court, faisant vn choix consideré de seruiteurs fideles & discrets, sans yeux & sans oreilles, qui soyent de bonnes mœurs, de douce humeur, accoustumez au seruice des Princes & des Grands, & d'âge conuenable à bien faire les charges dont il voudra les honorer diuersement selon les qualitez, pour s'en seruir en sa maison, & specialement aupres de sa personne : car il importe extremement au Prince d'estre seruy de telles gens, pource qu'ils sont comme premiers depositaires de sa vie, de tous ses mouuemens secrets & actions priuees. Or, à ce que lon dit, sa Maiesté le releuera de ceste peine, voulant elle mesme faire sa maison lors qu'elle se resoudra de le mettre en vos mains, & luy donner pour le seruir en chacune des charges de l'eslite des siens, sur le patron desquels il puisse apprendre à les choisir ailleurs s'il en auoit besoin : en cecy il ne receura pas vn petit aduantage de les prendre

T ij

DE L'INSTITVTION

du Roy qui les a esprouuez, d'autant que le hasard se rencontre à l'essay des choses incognues : il est à presumer qu'il prendra des plus meurs & des plus gens de bien pour mettre pres de sa personne, leur âge, leur preudhommie, & l'honneur d'estre à sa Maiesté, luy donneront ie ne sçay quelle crainte qui pourra l'empescher ou diuertir de beaucoup de ieunesses qu'il pourroit entreprendre, seduict par le conseil d'vn incogneu & mauuais seruiteur abusant à son dam pour vn profit particulier ou passion priuee de la facilité & bonté de son âge. Apres l'ordre donné pour seruir sa personne, qu'ayant le soin en mesme temps de son instruction pour les mœurs & les lettres : il choisira luy-mesme vn Precepteur, & par ainsi capable d'vne si grande charge. Puis, que sa Maiesté veut qu'il entre en son Conseil à l'âge de douze ans, & qu'il se façonne & face son apprentissage dans ceste eschole de la chose publique, depuis cest âge iusqu'à celuy qui le rendra majeur par les loix du Royaume, afin qu'en ce temps là il se puisse trouuer comme maistre passé, & suffisant d'en prendre la conduite : voulant en outre pour le rendre accomply, le mettra alors entre les mains de ses plus confidens qui l'instruiront du fonds du secret, & du fin de toutes les affaires. Lon dit aussi que le Roy luy permettant d'auoir quelques heures à soy pour y passer honnestement le temps, & l'employer aux exercices vertueux qui soyent de sa portee, & conuenables à sa qualité, a resolu de luy donner pour compagnie vne certaine troupe de ieunes Gentilshommes de pareil âge, ou sortable au sien, qu'il tirera des plus grandes & meilleures maisons de toutes ses Prouinces, iugeant que ceste premiere nourriture fournira les semences d'vne solide affection à aimer la personne de ce ieune Prince, qui germera dans ces petites ames, & croissant peu à peu comme leurs corps, s'esleuera si forte, que paruenue à sa maturité elle luy produira facilement les fruicts d'vne fidele suiection & ferme obeissance ; & qu'vn iour ce seront ses tenans &

les arcs-boutans de son auctorité, que par leur bon exemple, leur credit & la force, ils maintiendront & feront recognoistre par toutes les parties du Royaume, & par mesme moyen la rendront redoutable aux nations estranges. Et comme sa Maiesté vous a destiné pour gouuerner ce Prince, façonner & conduire sa premiere ieunesse, auec pouuoir sur toute sa maison : il sera necessaire aussi que vous ayez l'œil sur ceste compagnie, & preniez garde à ce que pas vn d'eux ne autre approchant pres de luy, n'haleine dans ses yeux ou souffle en ses oreilles l'infection du vice naturel que chacun porte de naissance, car chacun a le sien, vous le verriez en peu de temps plus vicieux luy seul surpasser tous les autres: conduisez-le tousiours des yeux & de la main, tenez en garde de tous costez des espions fideles, & retrenchez contre ce mauuais vent, qui esteindroit en luy ces petites bluettes du feu de la vertu dont la nature a parsemé nos ames. Et pour autant qu'il semble que le mal & le bien, le vice & la vertu, l'aduersité & la prosperité que reçoit vn Estat, partent ainsi que d'vne source de la maison du Prince souuerain, il faut que le nostre sçache que ce n'est pas vne des dernieres parties de sa prudéce de la bien ordonner : & pour ce faire, qu'il commence cest ordre par sa personne propre, faisant reluire auec sa qualité, sa foy, sa pieté, sa probité, sa temperance, sa iustice & sa grace, ses seruiteurs, ses courtisans ; & puis tous ses subiects des plus petits iusqu'aux plus esleuez, suyuront ceste lumiere : les peuples sont imitateurs des Roys, comme persuadez que leurs actions commandent à l'egal de la force des loix. Qu'il donne les premieres charges à personnages de grande qualité, de merite pareil, & d'âge venerable, & tels qu'il n'en puisse iamais craindre le repentir, ne receuoir du blasme : car telles gens luy feront de l'honneur, seruiront par honneur & non par auarice. Que chacun d'eux soit maintenu en son despartement, & tous ensemble si liez d'vne commune intelligence, que leurs affections conduisent celles des moindres officiers qui seruiront sous eux, pour ne viser pour tout ailleurs qu'au seruice du Prince. Qu'il recognoisse aussi ceste fidelité par recompenses & bienfaicts honorables, octroyant librement, ou preuenant dextrement leurs demandes: le seruice muet, continué, demande de soy-mesmes, & la façon dont se donne le bien ou gratification, oblige fort souuent autant ou plus que la valeur de la chose donnee. Ne souffre point que les chefs de ces charges en oppressent les membres, car ils sont tous à luy, & qu'abusans indignement de leur auctorité ils ne les priuent de leurs droicts & volent leurs salaires: il seroit à craindre que l'indigence & la necessité n'abbatist la foi-

blesse & la fidelité de quelcun de
ceux là, au preiudice, possible, de
sa vie : & par ainsi qu'il s'enquie-
re soigneusement des mœurs &
des actions de tous ses domesti-
ques, à celle fin de les tenir tousiours en estat de bien faire, &
pour y donner ordre s'il y a de la
faute, la punissant en eux plus
rigoureusement pour l'exemple
des autres. Que lon voye souuent
autour de luy des hommes doctes & sages personnages de toute qualité & differentes professions, pour auoir en tout temps à
qui communiquer, dequoy prendre plaisir, & s'instruic par fois en
leurs discours de diuerses sciences, tenant ceste maxime de iamais n'approcher de soy pour
y estre ordinaires, que des gens

DE L'INSTITVTION
de bien : d'autant que tout le monde iugera qu'il eſt tel que ſont ceux qui le ſeruent & viuent en faueur aupres de ſa perſonne: ne iuge mal de la ſincerité de leurs affections, ne de ſes autres ſeruiteurs, pour ne louer touſiours ſes conſeils, ſes deſſeins, ſes faicts ou ſes paroles, ains trouue bon que ſelon leurs aduis, ils les puiſſent ſeurement reprouuer auecques modeſtie : c'eſt vn aduancoureur à la ruine de celuy auquel on n'oſe dire la verité en aucune façon de peur de luy deſplaire : face diſtinction des bons & des mauuais, de ceux qui l'aimeront d'ame & de cœur pour l'amour de luy-meſme, d'auecques ces finets qui conſentiront tout pour faire leurs affaires, &

cauteleusement le flateront iusques à ses pensees : aime ceux-là, reiette ceux icy comme peste des Princes & de la Republique, car ces flateurs ce sont des affronteurs beaucoup plus dangereux que ceux qui parmy le commun & les particuliers font mestier ordinaire & vertu d'vser d'affronterie, estant par eux tout à la fois le public affronté, affrontant la personne du Prince. Plante la paix en sa maison, en desracine la discorde, l'vne donne l'accroissement aux plus petites choses, l'autre ruine de tout poinct & destruit les plus grandes & les mieux establies. Embrasse la vertu à bon escient & deteste le vice, y establisse le premier & en bannisse l'autre : & ne presume

DE L'INSTITVTION

pas que la Royale & souueraine qualité soit couuerture suffisante pour empescher les mauuaises odeurs de sa mauuaise vie, car fust il encaué au plus profond d'vne cauerne lon en sentira l'air, estant des Roys ainsi que du soleil, qui pour vn temps peut bien dissimuler, mais non pas desrober du tout les rais de sa lumiere: on verra lors toute sa court imiter à l'enuy ses actions vertueuses, chacun bruslant de passion & fidele desir, abandonner & les biens & la vie pour le seruice de ce Prince, qui trouuera, en bien viuant & bien regnant, sa personne asseuree & son Estat aussi, en la vertu de ses amis, l'amour de ses subiects, & sa propre prudence, les legitimes & vniques moyens pour conseruer & gagner les Empires. Voila en peu de mots vne partie des principales considerations qu'il doit auoir en faisant sa maison, il nous faut asseurer que sa Maiesté ordonnant de celle de nostre ieune Prince la fera telle qu'elle seruira de regle, non à sa Cour & suite seulement, mais à tout le Royaume.

Or si la pieté, la preudhommie, le sçauoir, les vertus heroïques, les bonnes loix, les finances & les amis : & si les armes, le bon conseil, la prudente conduite & vertueuse vie d'vn Roy & seigneur Souuerain, sont pieces qui suffisent pour asseurer sa domination, & empescher que son Estat & son auctorité ne voyent la ruine, nostre Prince aura de-

DE L'INSTITVTION

quoy bien esperer, ayant apprins & retenu vos bons aduis & vertueux enseignemens, & plusieurs autres qu'il apprendra pour ceste mesme fin, à mesure que l'âge augmentera les forces de son entendement: cependant qu'il sçache que la preuue infaillible de la bonté de son gouuernement, ce sera l'opulence de ses subiects, & leur louable vie: & quand la crainte de ressentir le desplaisir & l'ennuy de sa mort leur fera souhaiter que la leur les preuienne, & lors que retirez chez eux en leur particulier, ils admireront tous & feront admirer à toutes leurs familles plus sa rare vertu que sa grande fortune. Et possible sa Maiesté pour couronner cest œuure prendra plaisir

fir aucunesfois d'employer en la perfonne de fon Dauphin, tout ce que le long temps & la penible experience luy ont fi cherement apprins, & plus parauenture qu'à nul autre des Princes qui viuent fur la terre. Mais pource que ie fçay qu'il n'y a rien deffous le ciel qui ne foit periffable & fuiect à fa fin, mefmes que les grandeurs des plus puiffans Empires, ont leur poinct limité. Ie prie Dieu & le fupplie de vouloir differer le decret final preordonné fur cefte Monarchie, à ce que la tempefte n'en tombe fur ce Prince, & que iamais elle ne puiffe choir fur les Roys de fon nom, de le garder & conferuer toufiours fous l'abry de fes ailes, gouuerner & condui-

V

DE L'INSTITVTION

re toutes ses actions, & luy permettre de regner apres sa Maiesté paisiblement, heureusement & à longues annees, fauorisé de sa bonté, aimé & craint de ses subiects, honoré, estimé & redouté de tout le monde : & de pouuoir en fin, suyuant les traces du Roy son pere, laisser vn iour la France regorgeante en richesses au milieu de la paix, vn doux ressouuenir de ses bontez dans le cœur de ses peuples, puis en succession à ses successeurs, du suiect de l'ensuyure & de faire comme luy, & de la gloire du nom François, & de son renom remplir toute la terre. Voyla, Monsieur, ce que vostre desir & l'affection particuliere que i'ay au bien & au seruice de ce Prince m'ont faict conceuoir pour son instruction. Ie m'estimeray tres-heureux si vous & ceux qui le liront, iugez que i'aye satisfaict aucunement à leur gré & à vostre esperance ; sinon ie vous somme à garant, en attendant que quelcun plus soluable que moy vous desgage de ceste obligation, i'auray tousiours fort agreable vne telle descharge.

Souvré. Pour moy i'en suis bien content, & me sens obligé à vous de ceste conference.

L'Autheur. Monsieur, ie suis vostre tres-humble seruiteur, ie reçois ces paroles de vostre courtoisie.

FIN.

Extraict du Priuilege.

PAR grace & priuilege du Roy donné à Paris le dernier iour de Nouembre 1608. signé par le Roy à sa relation, LARDY, & seellé du grand seel en cire iaune sur simple queuë, il est permis à Iean Heroard sieur de Vaulgrigneuse, Notaire & Secretaire maison & couronne de France, Medecin ordinaire du Roy, & premier de Monseigneur le Dauphin, faire imprimer vn liure intitulé *De l'institution du Prince*, pour le temps & terme de six ans entiers & consecutifs. Et est ensemblement faict defenses à tous Imprimeurs, Libraires ou autres quelsconques d'imprimer ou faire imprimer, vendre ny distribuer ledit liure, sans l'expres consentement dudit sieur Heroard, ou de celuy à qui il en aura donné permission, sur peine de confiscation desdits liures, & de six cens liures d'amende, ainsi que plus à plain est declaré audit priuilege.

Ledit sieur Heroard a permis à Iean Iannon Imprimeur en ceste ville de Paris, d'imprimer ou faire imprimer ledit liure intitulé, *De l'institution du Prince*, conformement au priuilege qu'il en a de sa Maiesté. Faict à Paris ce 12. Decembre 1608.

HEROARD.

www.ingramcontent.com/pod-product-compliance
Lightning Source LLC
Chambersburg PA
CBHW071252160426
43196CB00009B/1256